产品-用户双层网络对平台需求影响研究

基于相似性链接视角

黄宏军 ◎ 著

企业管理出版社
ENTERPRISE MANAGEMENT PUBLISHING HOUSE

图书在版编目（CIP）数据

产品-用户双层网络对平台需求影响研究：基于相似性链接视角/黄宏军著．－－北京：企业管理出版社，2024.12．－－ISBN 978-7-5164-3128-3

Ⅰ．F713.365.2

中国国家版本馆 CIP 数据核字第 2024BB9858 号

书　　名：	产品-用户双层网络对平台需求影响研究：基于相似性链接视角
作　　者：	黄宏军
特约策划：	唐琦林
责任编辑：	杨慧芳　李雪松
书　　号：	ISBN 978-7-5164-3128-3
出版发行：	企业管理出版社
地　　址：	北京市海淀区紫竹院南路 17 号　邮编：100048
网　　址：	http://www.emph.cn
电　　话：	发行部（010）68417763　68414644　编辑部（010）68420309
电子信箱：	314718920@qq.com
印　　刷：	北京亿友数字印刷有限公司
经　　销：	新华书店
规　　格：	170 毫米 ×230 毫米　开本：16 开　印张：11.5　字数：181 千字
版　　次：	2024 年 12 月第 1 版　2025 年 6 月第 2 次印刷
定　　价：	78.00 元

版权所有　翻印必究·印装有误　负责调换

前　言

随着数字经济的快速发展,信息技术对经济、社会产生的影响日益深远。通信基础设施所连接的数亿智能手机、计算机所形成的复杂系统支持着各类互联网平台和应用。淘宝、京东、拼多多等电商平台通过构建商品链接网络,帮助用户高效搜索商品;微信、QQ形成了人与人之间更广泛的连接,帮助人们高效沟通;百度、谷歌、今日头条、抖音等构建了多模态信息之间的连接,帮助人们快捷地查找、筛选信息。面对海量信息、链接所构成的复杂网络系统,如何理解、预测和控制是需要解决的问题之一的挑战。

随着数字内容消费不断增长,线上内容不断丰富,从海量选项中搜索满意的内容和商品令消费者眼花缭乱,很难做出选择。推荐系统帮助人们快速发现他们感兴趣的商品或信息,极大地推动了互联网应用的发展。例如,在电商平台,人们通常会在商品页面看到相关商品推荐信息;在内容平台,也经常会看到与自己点赞内容相似的短视频、音乐、问答知识的推送。正是由于各种推荐系统的应用,大量内容和产品节点相互连接形成了产品网络。随着自然语言技术、图像处理技术的发展,在各类平台中,图像、视频的作用日益重要,平台通过挖掘产品图像和视频中的信息进行更加有效的推荐。基于物品图像、产品属性和用户选择的相似产品推荐系统广泛应用于各购物网站、音乐社区等平台,基于产品相似性的推荐网络更高效地为消费者提供了产品筛选功能。已有研究围绕亚马逊、淘宝等电商平台产品推荐系统,揭示了"共看""共买"等推荐机制所形成的产品网络对需求的影响,但对基于图像、语义、情感等特征的相似性推荐及其网络与"共看""共买"等产品网络的差异仍缺乏研究。虽然平台内容对消费者的影响日益增强,但是关于内容网络的研究和分析还不够充分。音乐、图像、视频等内容产品与一般商品在生产、消费和使用等环节有显著区别,存在着共享性、非竞争性等经济属性,以及网络效应和语义特征等技术属性。针对图像、视频、音频、文本等多模态推荐网络的研究不足。

随着移动化、社交化趋势增强,主流电商及内容平台通过引入社交关系,将平台转变为社交环境,用户可以在线互动和生成内容。平台与用户的关系变得更为亲密,用户的信息行为与在缺乏社交环境的平台有所不同,如用户短视频"上瘾"行为。基于用户社交互动形成的用户网络与基于推荐算法生成的产品网络共同作用,对平台需求产生何种影响是一个值得关注的问题。产品推荐网络在初期有助于用户网络的形成,当用户看到某个喜欢的视频,通常会去关注创作者的相关视频,进一步可能会关注创作者,从而产生社交联系。另外,用户网络规模越大、社交关系越紧密,所产生的数据越丰富、多样,则越有利于推荐算法,进而影响和优化产品网络结构。目前,对产品网络叠加用户网络带来的双层网络相互关系及其对平台需求的影响机制尚不清楚。有关双层网络是否增强了对用户的反馈,是否缓解了单一推荐算法导致的内容热门偏差和马太效应,是否有助于缓解"信息茧房""信息黑洞"等问题,仍有待去深入探索。

为探索上述问题,本书围绕产品网络和用户网络展开研究,聚焦"相似性",对电商平台、内容平台进行了研究。本书分析了相似性产品网络的整体结构和特性对平台需求的影响,从理论上加深了对相似性推荐系统商业价值的理解;实证检验了外部冲击在相似性产品网络中的溢出和扩散层次深度;基于同质性理论,从用户属性相似、文本内容和情感表达相似等方面,分析了内容平台中的评论者群体特征的需求效应,深化了对异质性群体在不同阶段需求影响的认识;从理论上探讨了产品网络与用户网络的相互作用及其对需求影响的内在机理,结合深度学习模型,挖掘了双层网络链接关系所蕴含的预测性信息,最后基于双层网络结构,参考 PageRank 和网络稳定性(Network Stability)思想,提出了一种重要内容节点识别的算法,帮助平台优化节点连接关系。综合来看,本书将有助于平台深化对相似性链接、双层网络的认识,有助于优化服务质量,助力数字经济高质量发展。

本书是对作者多年思考和研究的一个阶段性总结。从攻读博士学位以来,作者一直关注该领域的最新研究动态，阅读了大量国内外文献，在推荐系统、复杂网络、文本挖掘等方面进行了深入研究，发表了相关研究论文。在本书撰写过程中，作者得到了诸多师长、前辈、同事、学友的帮助和支持，感谢桂林电子科技大学刘枚莲、吴俊、潘细朋及管理科学与工程专业诸位老师，华中科技大学杨珺、潘焰老师，北京科技大学武森老师，华中农业大学郑本荣、周品老师，北京交通大学黄安强老师以及董昭轩、冯昊、陈道泉、刘春吉、赵西君、杨鹏、彭程、骆秀禹等学友。同时，感谢桂林电子科技大学商学院提供科研及工作环境，感谢国家自然科学基金项目（网络消费者多品牌选择行为机理研究，71562006）及广西高等学校创新团队及卓越学者项目（电子商务与物流管理）的支持。

目　录

第1章　导　论 ··· 1
 1.1　选题背景 ··· 1
 1.2　研究目的及意义 ··· 9
  1.2.1　研究目的 ·· 9
  1.2.2　研究意义 ·· 11
 1.3　研究内容、方法和创新点 ·· 13
  1.3.1　研究内容 ·· 13
  1.3.2　研究方法 ·· 17
  1.3.3　研究创新点 ·· 18

第2章　文献综述 ··· 20
 2.1　复杂网络理论 ··· 20
  2.1.1　复杂网络应用 ·· 20
  2.1.2　多层网络 ·· 21
  2.1.3　复杂系统管理 ·· 22
 2.2　产品网络 ··· 23
  2.2.1　推荐系统影响研究 ·· 23
  2.2.2　产品网络研究 ·· 26
  2.2.3　产品相似性研究 ·· 28
 2.3　用户网络 ··· 29
  2.3.1　用户社区空间 ·· 29

	2.3.2 用户相似性研究	32
2.4	在线产品评论	33
	2.4.1 在线产品评论挖掘	33
	2.4.2 在线评论商业价值	34
2.5	基本概念	37
	2.5.1 相关网络类型	37
	2.5.2 复杂网络指标	39
2.6	文献评述	41

第3章 产品-用户双层网络耦合对平台需求影响机理 44

3.1	基于产品-用户双层网络嵌入的产品价值刻画	44
3.2	产品网络与用户网络耦合关系及演化分析	48
	3.2.1 产品网络与用户网络的耦合关系	48
	3.2.2 产品网络与用户网络的演化分析	49
3.3	产品-用户双层网络耦合对产品需求影响机理	52

第4章 相似性产品网络需求效应研究 55

4.1	研究背景	55
4.2	研究模型与假设	58
	4.2.1 MGC 和 UGC 对搜索产品和体验产品的溢出效应	59
	4.2.2 相似产品的交叉价格影响	61
	4.2.3 相似性产品网络的商业价值	61
4.3	研究方法	63
	4.3.1 相似性产品网络构建	63
	4.3.2 评论相似计算	65
	4.3.3 计量经济模型	66
4.4	实证结果	67
4.5	稳健性检验	72
4.6	结果讨论	75
4.7	理论意义和实际意义	76

目 录

第5章 外部需求冲击在相似性产品网络中的扩散研究 … 78
5.1 研究背景 … 78
5.2 理论基础 … 80
5.3 研究方法 … 81
5.3.1 计量经济模型 … 83
5.3.2 实证结果 … 84
5.4 结论及意义 … 85

第6章 用户相似性网络对内容产品需求影响研究 … 87
6.1 研究背景 … 87
6.2 理论基础和假设 … 88
6.2.1 用户网络和相似性 … 88
6.2.2 在线评论和社交化视频 … 91
6.3 研究方法 … 94
6.3.1 用户相似性网络构建 … 94
6.3.2 评论内容相似性 … 95
6.3.3 评论内容情绪的相似性 … 96
6.3.4 计量模型 … 97
6.3.5 实证结果 … 99
6.4 研究结论及意义 … 105

第7章 基于产品-用户双层网络的内容产品需求预测研究 … 107
7.1 研究背景 … 107
7.2 预测数据集和模型 … 115
7.2.1 预测数据集 … 115
7.2.2 预测模型 … 118
7.3 预测结果 … 119
7.4 稳健性分析 … 123
7.5 结论及意义 … 127

第 8 章 基于双层网络视角的重要节点识别研究 ………………… 129
8.1 研究背景 ……………………………………………………… 129
8.2 算法模型 ……………………………………………………… 130
8.3 实验分析 ……………………………………………………… 131

第 9 章 研究结论与管理启示 …………………………………… 134
9.1 研究结论 ……………………………………………………… 134
9.2 管理启示 ……………………………………………………… 137
9.2.1 优化平台链接和网络结构，加强可见性、复杂性管理 …… 137
9.2.2 针对平台发展阶段，加强用户同质性和异质性管理……… 139
9.2.3 促进平台网络融合，发挥多层网络协同作用，控制马太效应 ……………………………………………… 140
9.2.4 培养优质社群氛围，增强用户参与度和归属感…………… 143
9.2.5 加强平台内容生成管理，提高内容质量…………………… 146
9.2.6 加强多维相似性管理，增强推荐算法泛化能力…………… 148
9.2.7 加强平台多模态数据管理与利用…………………………… 150
9.2.8 完善平台生态系统，提高价值共创能力…………………… 151

参考文献 ……………………………………………………………… 154

第1章 导　论

1.1　选题背景

随着移动互联网的普及，以及图像和视频技术的快速发展，线上产品规模日益扩大，信息模态更趋多样化，平台复杂性不断增强。面对庞大的产品规模和信息量，消费者如何做出有效选择就变得更加重要。当前，电商平台的推荐系统从简单的热门产品推送，发展到基于复杂算法的智能推荐技术，帮助消费者过滤无关信息，降低产品搜索成本。随着算法持续改进和效果不断提升，各类推荐模型对用户偏好塑造和消费决策的影响日益加深。例如，在一些电商平台，用户通常能在商品页面看到"买了的用户还买""看了的顾客还看""猜你喜欢"等推荐的商品信息。推荐系统可以降低消费者的搜索成本（Anderson, 2006），减少信息的不确定性并提高消费者评估的准确性（Bergemann 和 Ozmen, 2006）。此外，推荐系统还可以通过增加交叉销售机会和增强顾客的忠诚度来帮助卖家增加收入（Yoon et al., 2013）。Fleder（2013）基于苹果 iTunes 音乐商店的数据，研究表明，推荐系统扩大了新产品的受众群体并改善了消费者相互之间的关系；Panniello（2016）分析表明推荐系统的多样性和准确性对顾客信任有显著影响；Lee 等（2021）发现推荐系统增加了在线评论数量；冯路等（2023）发现推荐系统对用户的访问频率和购买频率存在显著影响。

由于各种推荐系统的应用，大量产品和信息节点不再是孤立的存在，相互之间的链接构成了产品网络（类似用户网络），其节点是商品，边是产品之间的链接。因此产品价值不仅取决于自身属性，而且还受到所链接产品的节点需求的影响。这种影响的程度究竟如何，是值得深入思考的重要问题。另外，以下问题也值得探讨：如何衡量网络结构的影响？不同的网络结构带来的影响是否相同？基于电商平台不同的推荐机制，可以构建产品之间的相互关联网络有哪些类型？形成"看了又看"的共看网络和"买了又买"的共买网络有哪些区别？

虽然用户网络受到了许多领域研究人员的关注，但是有关产品网络的研究仍然相对较少。随着推荐链接的经济价值的增加，不断有学者展开研究，他们围绕亚马逊、淘宝等电商平台，研究了"看了又看"和"买了又买"两种推荐机制形成的产品网络特性，分析和比较了这两种网络结构的不同需求效应，揭示了"共看""共买"等不同推荐机制所形成的产品网络对产品销量的促进作用，分析了网络特征、产品节点特征、不同产品类型及评论等方面的具体影响（Oestreicher-Singer 和 Sundararajan，2012；Lin et al.，2017；Liang et al.，2019；Stöckli 和 Khobzi，2021；Zhu et al.，2022）。

随着基于深度学习的图像、视频技术的发展及移动端拍照功能的广泛应用，电商平台中图像、视频等模态信息的作用日益重要。很多购物网站出现了基于图像的"找相似"推荐技术，在产品图片上常会出现名为"找相似"的链接，单击该链接的消费者可以找到相似的产品从而进行购物比较。"找相似"（图1-1，图1-2）算法包括图像处理和计算产品RGB颜色、轮廓等图像特征，基于"相似性"推荐形成了产品网络，相似性产品之间所形成的链接网络和信息聚合可以增加产品的交叉销售机会，增强推荐展示产品之间的相关性。通过强化和显示相似产品之间的链接，找相似推荐系统对于实现相关产品的价值最大化起着重要作用。用户在浏览和搜索过程中可以不断发现新的相关或类似产品，最终使网站平台的用户活跃量增加，长尾产品也可以更加充分地展示。尽管已有研究围绕产品网络经济影响展开了实证分析，但是其注意力主要集中在搜索型产品上，对体验型内容产品分析不足，特别是对基于图像、视频、音频等类型产品及其推荐网络研究不够。大多数研究主要集中在技术和算法上，对相似性产品网络的经济影响尚缺乏研究，对其影响消费者购物意图的机制尚不清楚。此外，对相似（相关）产品的在线评论对本产品需求的溢出效应的研究较少，我们需进一步研究消费者的购买决策如何受到相似产品的评论的影响。基于此，本研究提出如下问题。

图 1-1　某购物网站相似食品推荐

图 1-2　某品相似服装推荐

（1）商品在相似推荐网络中的位置、链接数量、中心性如何影响其需求量？如何量化网络结构对商品价值的需求效应？

（2）相似性产品网络中，不同类型产品对消费者需求效应是否存在差异？价格、品牌等相似性是否有影响？

（3）产品网络中用户生成内容（User Generated Content，UGC）和机器生成内容（Machine-generated Content，MGC）的文本相似性是否有溢出效应？哪种溢出效应更强？消费者的购买决策如何受到相似产品评论影响？

（4）"相似""共看"和"共买"等不同推荐机制下，不同类型产品网络链接分布规律和动态演化特点如何？

（5）产品网络中有影响力的重要节点如何识别？重要的产品节点是否可以帮助预测相关产品的需求？

随着图像、视频技术的普及，内容电商平台发展迅速，相比传统电商的物品化特点，内容电商更加强调与用户的情感和关系，如信任感、归属感。内容产品与一般商品在生产、消费和使用等环节有显著区别，存在着共享性、非竞争性、网络效应和语义特征。短视频、直播、元宇宙、虚拟现实等模式和技术从多维度拓展了商品信息，场景的融入更是激发了消费者兴趣。内容电商本身具有"长尾效应"，可以不断激发用户的消费热情。譬如，用户不断浏览感兴趣或相似的视频，可能会出现"上瘾"行为。当前，传统电商平台逐渐向"社区化"和"内容化"转型，通过内容创造与需求个性化相匹配可以增强用户体验。内容电商平台通过引入社交功能，进而营造社交环境，用户可以关注、点赞、评论、打赏，与平台的关系变得更为亲密，其信息行为与缺乏社交环境的平台有所不同。

因此，除了基于推荐形成的内容网络外，用户之间还因为社交关注、共同兴趣网络（圈子）形成了各种社交关系网络，而社交关系网络既影响了内容生成的主题、控制了内容生成的数量，也扩大了内容的影响范围。例如，Facebook、微信等社交平台构建了消费者之间广泛的连接关系，对产品的评价信息会在人际网络里高效传播与分享；知乎、豆瓣等知识共享平台通过用户间问答机制形成了产品兴趣圈；大众点评等第三方决策平台通过产品评论、分享，激发了更多消费者参与，消费者在观察评论的同时自身也在不断生成信息；抖音、小红书等内容平台，通过产生"网红"来带动流量，从而影响粉丝消费行为。

随着"弹幕"等社交工具的发展，内容平台的用户交流变得更为活跃。在线电视网站 YouTube、Hulu 的出现，促使传统电视公司考虑消费者的在线互动需求。Lovett 等（2016）分析表明，当用户一起观看视频时，他们之间的互动和交流增强了观看视频的娱乐性，在线生成评论内容增强了观看视频时的社交存在感。Cameron 和 Jaclyn Ann（2016）分析了用户在观看视频时，用户生成评论对视频需求产生的影响。某在线娱乐公司主要产品是提供流媒体服务的在线视频，为了提高用户参与度和网站黏性，该公司建立基于娱乐社交媒体平台。它具有很多功能，能够通过感兴趣的内容将粉丝与名人联系起来。在每个感兴趣的主题中，粉丝既可以生成内容（发布文本、图像和视频），也可以与其他粉丝互动（评论、点赞和私信）（图1-3）。因此，了解用户的偏好、兴趣及在线互动方式如何影响个体的行为变得越来越重要。过往对产品评论的研究大多聚焦评论内容本身，却忽视了对评论者之间的相互关系，以及评论者相互之间相似性（同质性）的研究。通过获取了某视频网站的用户数据，这使得我们能够建立视频需求与用户兴趣及用户交互之间的关系。基于此，本研究将以该视频网站中的评论者社交互动为切入点，探讨评论者偏好的相似性或差异性对视频播放产生的影响，并提出如下问题。

图1-3 某视频评论

（1）基于偏好相似的用户网络所反映的同质性是否影响视频需求？用户相似网络的凝聚性和不同结构特征如何影响需求？

（2）基于用户社交产生的评论内容，其话题相似性和情感相似性是否会影响视频需求？

（3）偏好、评论内容和评论情感，其中哪种相似性的影响更大？

（4）视频发布的时间间隔是否对视频内容传播有不同影响？在视频发布的早

期阶段用户群体相似性的影响是否比中晚期阶段影响更大?

个体之间存在着各种各样的关联。一是直接的好友关系;二是通过个体的属性或行为产生的间接联系,例如两个用户经常购买或者观看相似产品,此时两个用户之间存在关联,而这种关联是可以产生价值的。在用户网络中,用户连接通常包含预测性信息,一是它们反映节点(个体)之间的固有特征的相似性,二是节点之间可互传信息和相互影响。对于社交成员来说,如果我们知道某个成员已经做出的选择,则可以基于网络来预测另一个成员的选择(Hill et al., 2006)。在基于推荐系统形成的产品网络中,链接的形成不仅包括产品特征和其固有的相似性,还包括许多人的共同选择信息。此外,产品之间的推荐链接也蕴含了有用的预测信息。Dhar 等(2012)发现,基于"买了又买"形成的产品网络,在销量预测时有助于提高预测精度。

在基于相互关注的粉丝社交网络中,粉丝连接也蕴含了有价值的预测信息。与用户网络不同,在产品网络中,节点不是个人而是实体产品。在本书研究的某音乐相似性产品网络中,产品之间的链接是基于产品之间的相似性而产生的,比如歌曲属性,同时还包含了用户偏好、用户选择行为等方面的相似性,产品越相似,出现在产品推荐列表的概率就越大。Bandura(1999)在观察学习理论(Observational Learning Theory)中认为,个体观察他人的行为进而做出类似的行为。在平台中,用户通常相信别人的选择有某种道理,特别是如果很多人做出相似的选择时,会强化用户对该选择正确性的信念。由于从众心理(Conformity Effect),个体不仅喜欢和他想法一样的人,而且还喜欢和他在选择、行为上一致的人,因此在相似性推荐环境中,用户观察到相似用户的先前选择可能会引发他的从众行为,从而愿意接受相似推荐信息。在本研究的音乐内容分享平台中,某网站所形成的相似性音乐网络的推荐链接,表示了相互链接的歌曲被消费者共同喜欢的程度。因此,推荐的相似音乐之间在消费者需求方面会相互产生影响(图1-4,图1-5)。基于此,本研究基于该音乐网站,着重考虑相似歌曲推荐系统中的相似性链接所包含的预测信息,同时结合歌曲粉丝用户网络,从音乐相似网络与用户网络相结合的双层网络角度,分析其对音乐播放需求预测的作用。相关研究问题如下。

(1)相似性内容网络中邻居节点的需求是否包含预测性信息?

（2）相似性内容网络中的链接和结构特征是否包含增强需求预测信息？

（3）在预测模型中，添加包含相似性产品网络和用户网络的双层网络因素是否可提高预测精度？

图 1-4　某网站音乐相似歌曲推荐

图 1-5　某音乐平台相似歌曲推荐

虽然用户网络在不断发展，但现有研究还局限于单一产品网络，而单一产品网络并不能刻画电商或内容平台结构的复杂性。随着用户网络的接入，在线内容不仅存在内容推荐的链接，而且还存在用户基于社交行为形成的连接，仅考虑推荐网络而忽视用户网络的网络环境，这样的情况与用户的实际价值感知存在差异。现有文献对基于推荐的产品网络叠加用户网络所带来的双层网络效应缺乏分析，对产品网络与用户网络相互作用的研究不足。产品网络与用户网络在结构上存在相互依存的耦合关系，对在线内容需求扩散和创作生成存在影响。

产品推荐网络在初期有助于用户网络的形成，当用户看到某个喜欢的视频时，通常会去关注创作者的相关视频，进一步可能会关注创作者。用户网络使产品网络中的不同部分得以连接，从而增强了产品网络的连通性。用户网络规模越大、社交关系越紧密，所产生的数据越丰富、多样，则推荐算法学习、训练所需要的数据条件越好，如此推荐算法性能就越强，从而越能影响和优化产品网络结构。双层网络叠加有助于消费者快速找到内容，提高推荐效率，强化产品需求的溢出效应。双层网络增强了用户反馈，提升了用户与产品交互的频率，可能会缓解单一推荐算法导致的内容热门偏差和马太效应，有助于缓解平台用户"信息茧房""信息窄化"的约束。平台内容创作的社交化可以帮助用户在平台上形成更紧密的社交关系，增加用户的黏性和留存率。如果用户在创作和互动过程中，建立了自己的用户网络圈子，并与其他用户形成社交互动，就会增加对平台的依赖和使用频率。社交化创作可以吸引更多用户影响和参与内容创作，其评论、收藏、点赞等行为会影响创作者进一步生产相关内容，从而影响整个平台的内容结构，并使平台逐渐形成具有明显风格的社区氛围。

在实际复杂系统中，通常还存在多层网络（Multiplex Network）相互耦合、相互作用，譬如，包括不同运输工具（航空网、铁路网和公路网）的交通网络和包括基因调控网络、代谢网络、蛋白质—蛋白质相互作用的网络等。又如，人际关系网络可以看成是由在线社交网络和线下交际网络共同构成的。随着物联网、虚拟现实等技术的发展，类似物理信息系统等复杂系统抽象而成的多层耦合网络相比于传统复杂网络模型，其系统拓扑结构更为复杂，且多层网络之间存在耦合交互的情况，系统的非线性特性更为突出。因此，当前多层网络成为重要研究方向之一。

内容平台通过构建用户网络和产品网络极大地提高了信息获取、分发效率，基于算法和用户交互所产生的链接，对用户信息行为和平台运营决策的影响日益重要。因此，从实践和理论角度，本研究提出如下问题。

（1）在产品-用户网络双层嵌入情景下，内容节点位置特征所带来的经济价值如何测量？产品网络与用户网络耦合关系，以及其影响用户决策和内容生成的机理和效应是什么？

（2）双层网络是否缓解了数字内容平台推荐算法导致的"信息茧房""信息窄化"？由于用户社交关系形成机制不同于基于算法生成的内容链接，因此哪种网络对用户的影响更大？

（3）由于优质的内容吸引着感兴趣的用户，创作者会进一步生成相关主题内容，进而逐渐形成一定风格的社区氛围，而社区氛围又会进一步影响用户和创作者。粉丝群体及评论中包含的偏好、话题、情绪等的多样性，在不同阶段对平台内容需求和创作主题分布影响如何？

（4）类似于疾病或产品口碑在线上与线下融合环境中的传染，突发重大事件、热点新闻在一个网络中的传播，可能触发其在另一网络的扩散并最终可能导致信息级联效应。由于内容创作者不断获得新粉丝，进而影响到用户网络，而整个平台的用户网络结构又会影响到内容的扩散和传播，那么在外部热点事件影响下，需求、信息在双层网络中如何扩散和溢出？扩散的深度有几层？哪种网络的溢出效应更强？

（5）由于产品-用户多层网络间存在异构交互特性，所以基于单个平面对节点影响力计算的传统模型不再有效。在双层网络中哪些内容节点的需求溢出效应最大？如何优化链接、调节用户网络与产品网络之间的耦合关系以影响重要节点，进而使整个网络的溢出效应最大化是一个值得关注的问题。

1.2 研究目的及意义

1.2.1 研究目的

随着推荐引擎的不断发展和社交媒体的广泛使用，产品、信息、用户之间广泛建立起相互链接，消费者和企业在决策时，面临着日益重要而复杂的网络关系，本研究基于相似性角度，分别从产品网络、用户网络及其相互关系角度考察其经济影响和价值，为企业和消费者在决策时提供有益参考。本书的研究目的包括以下四个方面。

一是挖掘相似性产品网络特点及需求效应。基于复杂网络理论，本研究通过挖掘相似推荐机制下的产品链接，构建动态相似性产品网络，挖掘不同推荐机制下不同类型产品所形成的产品网络的分布形态、特点和演化规律，从理论上探索相似网络对平台需求的影响机理和作用模型，进一步建立相似性产品网络对需求影响的实证模型，评估网络结构对需求的影响，进而量化相似链接的商业价值。

二是分析双层网络耦合关系及其对需求影响的机理和效应。首先，本研究从理论及实证层面探索双层网络结构、内容节点位置特征及其与需求的关系，建立基于推荐链接和社交影响力的数字内容价值模型。实证分析双层网络对需求的影响，对不同产品和推荐机制进行量化分析，有助于平台合理评估双层网络结构的商业价值，以更好地优化网络结构和关系。构建链接结构最优化及整体网络效用最大化决策模型，评估双层网络结构对需求的影响，进而量化产品链接的商业价值。双层网络结构会影响信息可见性，进而影响用户信息的行为和偏好。因此，双层网络对用户偏好的影响是本研究的一个关键问题。其次，分析双层网络交互耦合关系及其管理。用户社交连接从整体上极大地增强了产品网络的连接性，进而提高了内容产品的可见性。本研究立足双层网络整体视角，分析产品网络与用户网络的相互作用、耦合关系，提出了耦合测量指标，实证分析双层网络耦合程度与平台的需求关系。调节网络间的耦合关系，有助于平台合理地管理两个网络的相互关系，进而发挥其协同价值。

三是分析信息传播及需求波动，在产品-用户双层网络中的溢出和扩散以帮助在线平台优化内容管理。本研究基于文本挖掘技术，考察内容产品播放量、评论文本情绪、话题观点等对相似或关联产品需求的溢出效应，并考察产品类型、推荐机制、产品生命周期等调节作用；探索粉丝群体社交结构的多样性、偏好相似性，以及产品内容同质性在内容产品不同扩散阶段的作用，探究外部冲击引发的需求波动在产品-用户双层网络中的溢出规律和特点。如何量化和分析受外部事件冲击引发的需求，在不同推荐类型产品网络中的溢出效应及其规律特点，对指导实践有重要参考价值。本研究分析内容产品需求和评论在双层网络中的溢出效应以及效应是否衰减。此外，在本研究中，需要考虑及量化内容产品之间的相互影响，进而挖掘对其他产品有较强需求溢出效应的重要节点，通过对重要节点进行投入，进而带动整个网络溢出效应实现最大化，从提升整个网络的流量角度来看，这是一个需要研究的问题。

四是从大规模"产品-用户"双层网络中挖掘链接蕴含的预测价值以提高需求预测管理水平。用户交互连接和相似产品推荐链接，通常包含预测性信息。本研究探讨在传统因素的基础上，向不同预测模型中加入基于产品相似网络的邻居需求信息、产品网络节点的全局和局部属性信息及用户网络属性信息，以检验双层网络结构特征是否有助于提高模型需求预测精度。此外，由于重要内容节点会促进需求的扩散和信息传播。因此，识别和挖掘重要节点和双层网络的关键结构特征，有助于平台进行需求预测和管理，有助于平台优化链接和节点关系，进而促进整个网络流量最大化。因此，如何从大规模产品-用户双层网络中挖掘链接关系所蕴含的预测性信息是本研究的一个重要课题。

1.2.2 研究意义

本研究主要基于电商及内容平台的推荐链接和用户社交连接，围绕内容网络、用户网络、产品评论等方面展开研究，在理论和现实上有如下意义。

从理论意义看，本研究可能有如下方面贡献。

首先，本研究为产品网络的经济影响增加了理论贡献。以往的研究尚未对相似性产品网络影响进行分析，本研究构建了基于物品的相似推荐系统所产生的相似性产品网络，并研究了这些相似性产品网络的商业价值。本研究还通过聚焦"相似性"进而扩展了现有产品网络研究文献。

其次，之前的研究对在社交媒体背景下，使用社会网络分析方法来研究评论者群体的同质性所带来的需求效应缺少分析。本研究有助于加深对评论者在产品扩散中同质效应的理解，丰富了用户网络的相关研究内容。此外，本研究综合考虑了三种相似性，即用户偏好、评论内容和评论情感的相似性，在评论相似性方面做了进一步探索。

再次，在线内容因其自身属性、对用户效用价值等不同于一般搜索型产品，本研究基于推荐链接网络结构和用户社交影响力，构建了在线内容效用模型，改进了在线内容价值模型。进一步地，本研究从理论和实证分析两个方面探讨了内容网络与用户网络的耦合关系，揭示了双层网络对数字内容产品需求影响的内在机理以及数量和品味效应，提出了耦合测量指标，并实证分析了双层网络耦合程度对需求的影响，从而为研究产品网络经济影响增加了理论贡献。

最后，内容平台通过用户网络和产品网络融合扩展了信息传播渠道，一个网络平台中的信息传播，可能触发另一网络的扩散并最终可能导致信息级联效应。因此，本研究分析了需求在双层网络中的溢出和扩散，拓展了之前对单一产品网络需求溢出的研究。本研究挖掘了产品-用户双层网络的结构特点，挖掘了双层网络链接关系所蕴含的预测性信息和结构特征，借鉴网络稳定性概念，提出了一种产品网络重要节点识别的算法，丰富了复杂网络在内容平台上的应用和研究。

从现实意义看，数字内容产品消费日益成为居民消费的重点和带动数字经济发展的重要支撑。内容平台通过用户网络和产品网络极大地提高了信息获取与分发效率。基于算法和用户交互所产生的连接，对用户信息行为和平台运营决策的影响日益重要。本研究将有助于内容平台更深入地了解产品网络、用户网络的交互关系及影响机理，助力在线内容平台提供更高质量的产品和服务，为数字经济高质量发展提供决策参考，具体包括如下几点。

首先，本研究有助于内容平台合理地设计并完善推荐机制，管理产品可见性，量化推荐影响，更好管理产品和用户，优化产品链接关系，配置好长尾产品和热门产品组合，优化同类、跨类产品关系。

其次，对于实践者而言，MGC 和 UGC 是实际营销管理的重要方法，它们对消费者决策有日益显著的影响。本研究帮助营销从业者更好地理解相似产品评论和相似产品描述对消费者购买决策的影响，在实践中有一定的指导意义。在线零售商应考虑产品间的溢出效应，从而充分挖掘和利用在线评论并通过考虑相似性来优化和管理产品组合。为了避免过度竞争，在线平台可以为卖家提供相似性管理建议，以制定不同的产品分类策略。

再次，本研究能帮助在线平台更好地理解不同推荐机制（如相似推荐、共看推荐、共听推荐等）下，短视频、图像、文本等不同形式的内容对用户决策的影响。这样一来，平台就能优化用户的浏览体验，合理组合和完善各类推荐机制。在用户网络里，用户之间的互动及网络结构会影响线上内容的传播。而且用户可以通过关注内容创作者来互动，这又会影响创作者的主题。因此，本研究通过剖析粉丝群体的社交结构和互动内容，挖掘出用户偏好、热门话题、情绪倾向等特征。这能协助平台在不同阶段有效管理用户的内容需求，引导创作者确定主题。另外，本研究对平台引导评论产生也有帮助。通过分析和区分评论者的同质性或异质性，能为平台管理提供实际参考。在推广新产品时，平台可以设计相关机制，促进用户互动。借助这些机制，平台还能更精准地关注评论文本的多样性，打造热门话题。

最后，对于在线内容平台而言，它们需要面向整体网络进行管理，而非针对个别产品投入，平台可以通过管理好产品网络与用户网络结构，尽可能地强化产品间需求的溢出效应，以拉动整个网络的流量，而不仅是提高某个产品节点的流量。因此，基于本研究对重点内容节点、链接的分析，平台可以有针对性地管理内容节点，从而使平台整体的流量最大化，并且基于本研究的预测模型，提高平台的需求管理水平，从而提高其预测能力。

1.3　研究内容、方法和创新点

1.3.1　研究内容

1. 主要内容框架

本书的主要研究内容框架，如图 1-6 所示。

```
                    ┌─────────────────────────┐
                    │    第1章  导论           │
                    └───────────┬─────────────┘
                                ↓
                    ┌─────────────────────────┐
                    │    第2章  文献综述        │
                    └───────────┬─────────────┘
                                ↓
        ┌───────────────────────────────────────────────┐
        │  第3章  产品-用户双层网络耦合对平台需求影响机理    │
        └───────────────────────┬───────────────────────┘
                                ↓
    ┌ ─ ─ ─ ─ ─ ─ ─ ─ ─ ─ ─ ─ ─ ─ ─ ─ ─ ─ ─ ─ ─ ─ ─ ─ ─ ─ ┐
    │  ┌──────────────────┐   ┌─────────────────────┐       │
    │  │ 第4章 相似性产品网络│ + │第5章 外部需求冲击在相 │       │
    │  │    需求效应研究    │   │似性产品网络中的扩散研究│      │
    │  └──────────────────┘   └─────────────────────┘       │
    │                           ↓                            │
    │     ┌────────────────────────────────────────┐         │
    │     │ 第6章  用户相似性网络对内容产品需求       │         │
    │     │              影响研究                    │         │
    │     └────────────────────────────────────────┘         │
    └ ─ ─ ─ ─ ─ ─ ─ ─ ─ ─ ─ ─ ─ ─ ─┬─ ─ ─ ─ ─ ─ ─ ─ ─ ─ ─ ─ ┘
                                   ↓
        ┌───────────────────────────────────────────────┐
        │  第7章  基于产品-用户双层网络的内容产品需求       │
        │              预测研究                          │
        └───────────────────────┬───────────────────────┘
                                ↓
        ┌───────────────────────────────────────────────┐
        │  第8章  基于双层网络视角的重要节点识别研究        │
        └───────────────────────┬───────────────────────┘
                                ↓
        ┌───────────────────────────────────────────────┐
        │  第9章  研究结论与管理启示                       │
        └───────────────────────────────────────────────┘
```

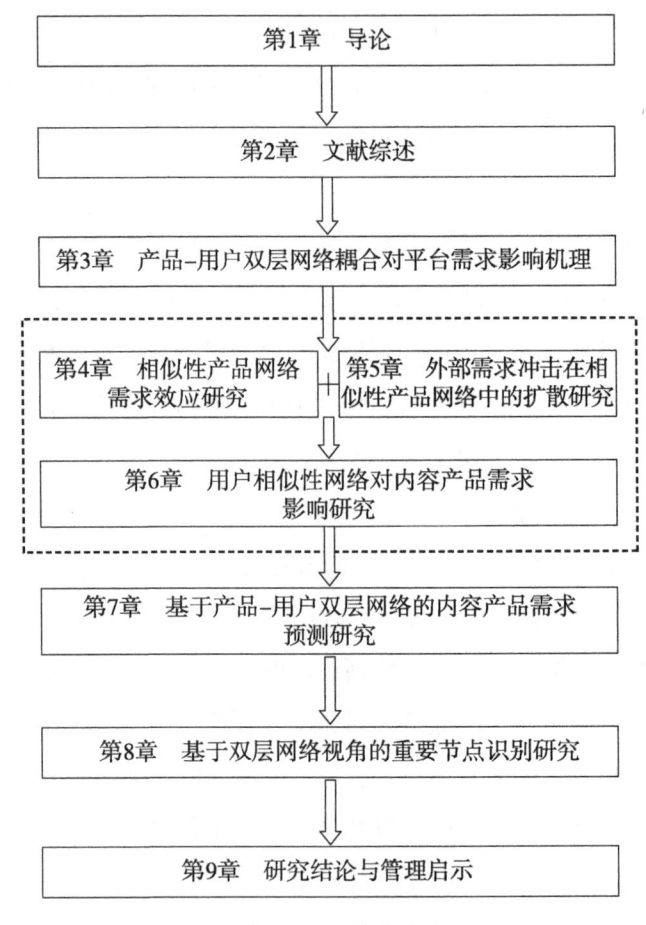

图 1-6　研究框架

第1章为导论。本章主要介绍了本书的研究背景、目的和内容，提出了本研究的相关问题以及本书的研究方法和创新点。

第2章为文献综述。首先，对复杂网络理论、产品网络、用户网络进行了相关分析。其次，对在线产品评论的相关文献进行了综述，回顾了在线评论概念及其商业影响，对在线评论相关的技术研究进行了分析。再次，回顾了推荐系统的概念和分类研究现状，在其基础上对产品网络和产品相似性的文献进行了综述。最后，对用户网络、用户社区和消费者相似性进行了回顾，并对现有文献进行了评述。

第3章从理论上分析产品-用户双层网络耦合对平台需求影响机理，包括：基于产品-用户双层网络的内容产品价值刻画，内容网络与用户网络耦合关系分析，产品-用户双层网络对在线内容需求影响机理和效应分析。

第4章通过挖掘来自某网站的产品推荐链接来构建相似性网络，分析了相似性产品网络的需求效应。基于复杂网络视角，量化了相似性链接的商业价值，分析了度数和网络中心势等指标的影响。在相似性产品网络的环境下，基于文本挖掘，量化了UGC和MGC对产品需求的溢出效应，检验了不同产品类型的影响差别。

第5章对前几章的理论机理和效应进行实证检验，包括实证检验相似性网络需求溢出效应。在外部冲击下，需求在相似性产品网络中的溢出和扩散层次深度，考查需求溢出是否存在距离衰减特点。

第6章鉴于已有文献对在线视频平台中的评论者群体的同质性效应缺少分析，基于同质性理论，综合考虑了用户偏好、评论内容和评论情感三种相似性，构建了动态用户偏好相似性网络，分析了该网络特征对内容产品需求的影响。

第7章讨论通过产品相似网络和用户网络信息提高预测的准确性。与基准的预测相比，在预测中放入的相似音乐邻居节点的需求信息及网络属性，如PageRank、度中心性和局部聚类系数，增加了用户网络相关信息，如粉丝数量、用户入度数，改善了产品需求的预测效果。这对于在线电商平台或音乐平台提高运营效率有明显的商业意义。

第8章基于双层网络结构，参考PageRank思想和网络稳定性（Network Stability）思想，考虑网络溢出效应，提出重要节点识别算法，对节点排序进行研究。

第9章在给出研究结论的同时，从管理视角围绕产品网络、用户网络特点，从优化网络结构、链接质量、社群氛围、多层网络协同，围绕可见性、复杂性等管理理念，总结相应的经验和举措。

2. 技术路线

本书技术路线如图1-7所示。

产品-用户 双层网络对平台需求影响研究

研究理论	研究路线	研究方法
文献研究	实地调研	理论研究

1. 产品-用户双层网络对平台需求影响理论分析

信息理论 ｜ 产品网络 / 用户网络 → 影响机理分析 → (1)基于产品-用户双层网络的内容产品价值刻画 (2)产品网络与用户网络相互作用关系分析 (3)双层网络对在线内容需求影响机理及效应 ｜ 计量模型

2. 双层网络叠加情景下的需求溢出和扩散研究

复杂网络理论 ｜ 内容平台 推荐系统 链接挖掘 产品网络 + 用户网络 实证检验 → 外部需求冲击在相似性产品网络中的扩散研究 + 相似性产品网络需求溢出效应检验 + 相似性用户网络对内容扩散影响 ｜ 链接分析

外部冲击

3. 基于产品-用户双层网络的内容产品需求预测

社会影响 ｜ 内容平台 产品-用户双层网络 ◇内容节点 ●用户节点 → 内客邻居节点播放量、内客网络特征、用户节点影响力 / LSTM/图神经网络 → 点击量预测 ｜ 文本挖掘

4. 产品网络重要节点识别

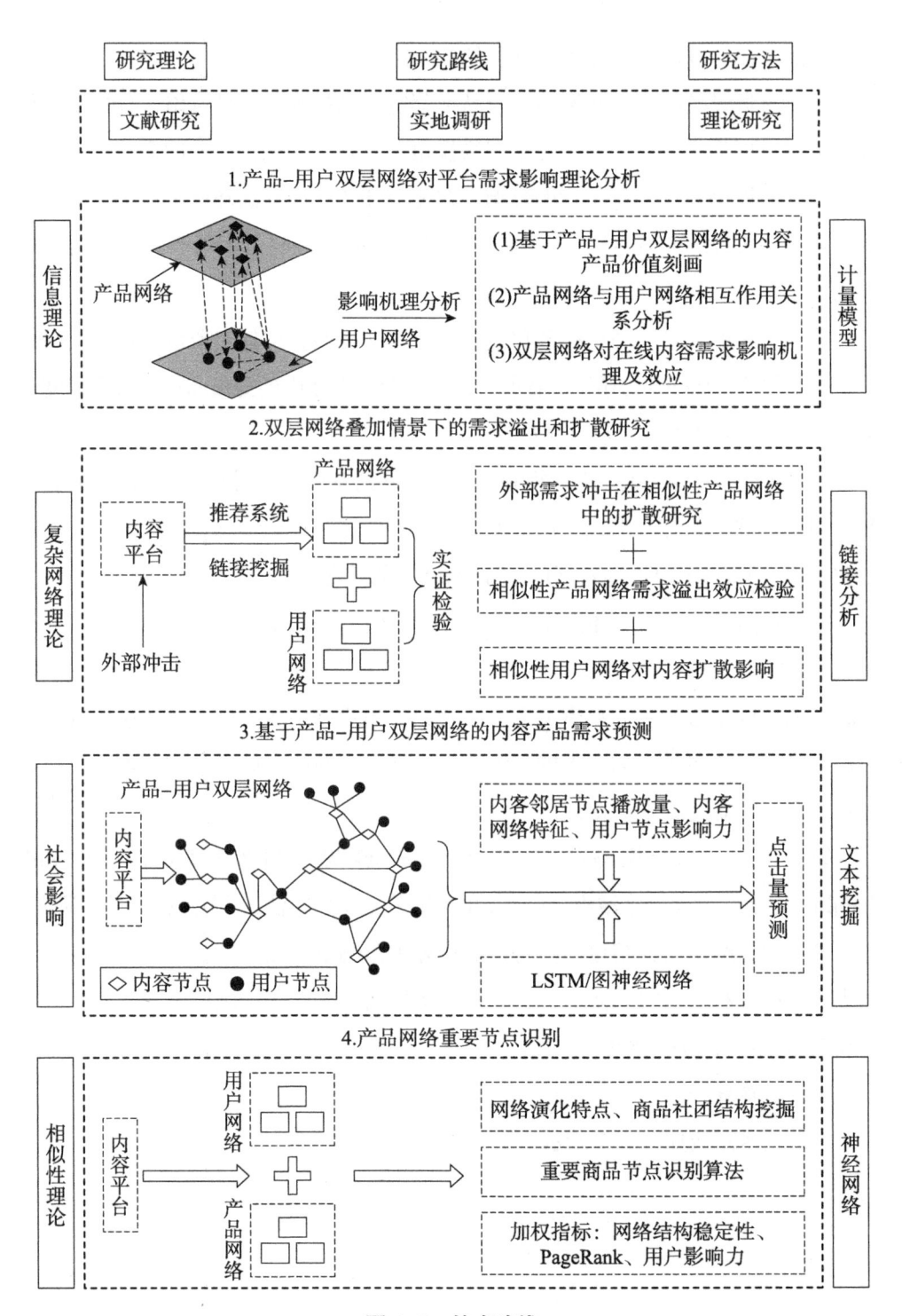

相似性理论 ｜ 内容平台 用户网络 + 产品网络 → 网络演化特点、商品社团结构挖掘 / 重要商品节点识别算法 / 加权指标：网络结构稳定性、PageRank、用户影响力 ｜ 神经网络

图 1-7 技术路线

1.3.2 研究方法

本研究方法综合使用了文本挖掘、复杂网络、机器学习、计量模型等多种工具，具体包括以下内容。

（1）计量经济学模型。本研究综合运用了基于混合截面数据、一阶差分处理的分析方法及面板模型、分位数回归等多种方法，运用不同平台数据、不同类型产品数据，对结论进行异质性和稳健性检验。本研究结合双层网络动态结构数据，拟应用面板回归模型、门槛模型等方法揭示双层网络特征对在线内容的需求影响。

（2）自然语言处理技术。本研究采用了中文分词、情感词库、语义分析等技术手段对评论文本进行抽取并对文本情感等进行挖掘。同时，分析内容产品需求和评论在双层网络中的溢出效应以及效应是否衰减。

（3）复杂网络。本研究基于 Java 采集程序和不同遍历算法，对相似、互补和替代产品链接进行搜索和分析，构建产品网络，借鉴 PageRank 等算法思路提取网络结构局部和全局性指标，挖掘产品网络结构和特点。

（4）深度学习模型。本研究利用 CNN\LSTM 神经网络、图神经网络等工具，计算邻居节点需求、提取网络特征，结合用户网络、标签网络等结构信息作为输入训练，对产品需求量进行预测。本研究构建了产品–用户双层网络的需求预测模型，挖掘双层网络结构所包含的预测性价值。

本研究基于 Java、Python 编程工具，对电商及内容（音乐、视频）平台数据进行定期采集，分析链接关系，采集节点属性信息，构建动态复杂网络，数据采集过程如图 1-8 所示。

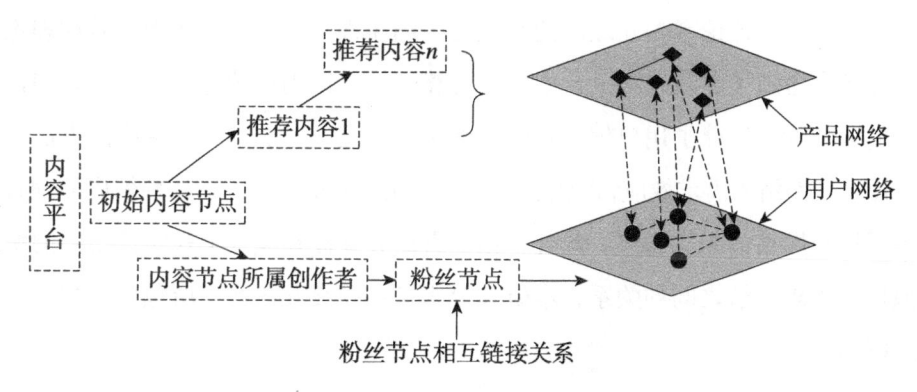

图 1-8　数据采集及网络构建过程

1.3.3 研究创新点

本研究在研究方法和手段上融合了复杂网络理论、信息理论、同质性理论，对数值型、文本型和网络型数据进行了综合挖掘与分析，通过理论建模、算法与实证分析相结合，从经济模型和技术两个角度对相关问题展开了研究。

1. 研究了相似性产品网络需求效应

相似性推荐机制强化了相似产品的内在关系，并提高了产品在网络中的可视性，但以往研究缺少对相似性产品网络的商业影响的分析，本研究通过挖掘来自某购物网站的产品推荐链接来构建相似性网络，增加了对相似推荐系统和相似性产品网络的商业价值的理解。本书基于复杂网络视角，分析产品网络的特征，探究产品的度数和网络中心势等网络属性的需求效应，量化相似性链接的商业价值，并研究不同网络属性对搜索型和体验型等不同类型产品的影响。本研究通过聚焦"相似性"，分析了不同于以往类型的产品网络，扩展了有关产品网络经济影响的研究。在相似性产品网络的环境下，基于文本挖掘，本研究量化了 UGC 和 MGC 对产品需求的溢出效应，并比较了 UGC 和 MGC 对不同产品类型购买决策的影响。与以往研究不同，本研究聚焦在文本相似性并从关联产品的角度考虑评论对需求的溢出影响，提出了基于 UGC 和 MGC "相似性"来优化产品管理的视角，丰富了产品评论文献。

2. 构建并探索了用户相似网络对内容产品扩散的影响

虽然学术界已有大量关于在线评论的研究，但是很多学者忽视了对评论者之间的相互关系、评论者相互之间的相似性（同质性）的研究。基于同质性理论，本研究综合考虑了在线视频平台中的三种相似性，即用户偏好、评论内容和评论情感的相似性，构建了用户偏好相似性网络。本书通过加权动态网络的方法，检测了评论者网络的需求效应，深化了对评论者在产品扩散中的同质性效应的理解，丰富了用户网络的相关研究。此外，很少有研究关注在线社交视频评论中的情绪相似性与需求扩散之间的关系，本研究分析了用户交互内容中所包含的相似性情绪的影响。

3. 构建数字内容双层网络影响模型，揭示了其交互关系和影响机理

本研究将视角从单一网络扩展到了双层网络，针对单一产品网络研究的不足，基于产品-用户双层网络改进了在线内容价值刻画模型。本研究探索了双层网络影响内容的需求机理，揭示了双层网络存在的信息级联效应、数量效应、品位效应，基于实际数据进行了检验，探索了外部冲击下需求波动在双层网络中的溢出和扩散规律。本研究从技术和社会视角，分析了基于算法生成的产品链接网络与基于社交互动生成的人际网络之间的差异及相互关系，从耦合视角分析了产品网络对用户网络生成的促进及用户网络对推荐算法、产品网络的调节作用。本研究提出了不同网络层间耦合程度测量指标，实证分析了双层网络耦合程度对需求的影响。本研究剖析双层网络耦合所形成的网络结构特征，构造了多样性、稳定性等统计指标，构建了基于CNN/LSTM神经网络（Long Short-Term Memory）的预测模型，提升了需求预测精度。

4. 挖掘了双层网络演化特征，提出了重要内容点识别算法

本研究构造了动态双层网络，分析了网络结构和演化特点，借鉴PageRank和网络稳定性（Network Overlap）思想，考虑内容产品的用户影响力，以及内容在网络中的溢出和扩散深度，对内容重要程度进行排序研究，弥补了现有算法研究的不足，通过算法发现有更强需求溢出效应的内容节点，进而通过重要节点预测关联内容的节点需求。

第 2 章 文献综述

2.1 复杂网络理论

2.1.1 复杂网络应用

网络科学将经济、社会、物理等复杂系统抽象为由节点和连边组成的复杂网络，并对其结构、演化规律进行研究，复杂网络具有自组织、自相似、小世界、无标度等特点。复杂网络研究源于 18 世纪数学家欧拉关于图论的分析；20 世纪 60 年代，数学家 Erdos 和 Renyi 提出了随机网络理论；20 世纪末，Watts 等（1998）提出了小世界网络模型，Barabasi 等（1999）提出了无标度网络理论。复杂网络分析包括随机网络理论、小世界理论、无标度网络理论等，研究主题围绕个体及其交互规律展开，网络拓扑结构与统计性质、节点识别及排序、网络的形成机制及演化、链接预测、网络社团结构发现、网络结构稳定性、网络传播动力学及其控制等。网络研究的基本测度包括节点、社区、图等层面。节点层面包括：节点的度及其分布特征、度的相关性、集聚程度及其分布特征、最短距离及其分布特征、节点介数及其分布特征。社区层面主要包括：社区发现、社区演化等（马若微等，2023；盛昭瀚，梁茹，2022；邵昌鸿，刘向阳，2022；唐晓华等，2015；魏一鸣等，2005；汪寿阳等，2021；范文婷，张田丰，2023；高自友等，2023）。

复杂网络科学从最初的单层、孤立网络的研究，到多层复杂网络的研究；从最初的物理学领域为起点，到如今涵盖几乎所有学科的研究领域，如经济学、管理学、新闻学和社会学等人文社科领域也不断受到重视，其研究热点包括地区贸易、股票市场、劳动力流动、供应链关系、研发合作、城市经济关系、产业链分工等方面。常见测量指标包括：中心度、结构洞、节点集聚系、网络规模、网络密度、平均最短路径（隋丽辉，2003；宋刚，唐蔷，2007；段晓红，2023；董微微，2014；郭水文，肖文静，2011；李超，2013）。此外，从复杂网络演化出社会网络分析这一重要学科分支，为人们揭示了社会结构的内在规律。从社会网络的角度出发，人在社会环境中的相互作用可以表达为基于关系的一种模式或规则，而基于这种关系的规律模式则反映了社会结构的发展情况。例如，在社区发现（Community Detection）中，用户网络中的人们倾向于形成社区，社区内人群比社区间人群的关系更密切。

2.1.2 多层网络

在现实世界的复杂系统中，往往存在多种网络相互耦合、相互作用的情况。例如，不同运输交通网络（航空网、铁路网）会相互影响，而生物食物网络、基因调控网络、代谢网络等也存在这种情况。多层网络（Multiplex Network）已成为当今复杂网络领域的重要研究方向。传统的复杂网络研究范式由于只包含一种对象类型和关联关系，所以忽略了复杂系统的异构性。多层耦合网络相比于传统复杂网络，其系统拓扑结构更为复杂，且多层网络之间存在耦合交互的情况，系统的非线性特性更为突出。关于多层网络的实证研究，被应用于金融网络、交通网络、生态网络等多个领域（张欣，2015；徐建中，2018；赵昌平，2017；李妍羲，2024；杨丽等，2023）。例如，关键基础设施系统的相互依赖性在加强，为了研究交通系统如何应对自然灾害，需要分析其耦合关系，识别出铁路网、航空网、电网等多层网络中哪些环节比较脆弱，进而进行预防性管理。例如，毕京浩（2016）研究了航空网络多层交通网络的脆弱性，发现在抗脆弱性方面单层网络明显弱于多层网络；沈爱忠等（2017）分析了多层金融网络的结构演化与宏观规律，发现供应链金融多层网络具有无标度特征；杨青等（2022）构建了多层耦合网络的传播模型，以研究科技知识在多层网络中的传播情况，并对影响传播的多种因素进行了仿真实验；朱恒民（2016）对舆情信息在线上与线下网络的传播演化进行分析；王兴隆等（2020）对多层的航空网络的网络结构弹性进行了数值测度；陆君安（2015）从网络的结构、扩散与同步及网络鲁棒性与脆弱性等方面，研究了多层网络的基本性质；马海瑛等（2020）构造了三层随机网络模型、三层小世界网络模型及三层无标度网络模型，并对三种网络模型进行了基本拓扑性质描述；陈骁（2020）基于神经网络提出了一种多层网络层的重要性度量方法，并以此挖掘多层网络中的关键子层。

2.1.3 复杂系统管理

系统管理理论是运用系统论、信息论、控制论原理，把管理视为一个系统，以实现管理优化的理论。系统管理理论起源于 20 世纪 70 年代，最初表现为"两因素论"，即企业是由人、物两种因素组成的系统，后来发展为"三因素论"，即管理系统由人、物、环境三种因素构成，要进行全面系统分析，建立开放的管理系统。系统管理理论的核心是用系统方法分析管理系统。系统管理理论就是从系统的整体性出发，运用"输入——转换——输出"的分析模型，着眼于系统与环境的关系，并以此分析管理活动。

著名科学家钱学森在创建系统科学体系时，将系统分为简单系统、简单巨系统、复杂系统、复杂巨系统和特殊复杂巨系统。盛昭瀚、于景元（2021）认为复杂系统管理是基于复杂系统思维与范式，通过复杂系统与管理科学相融合而形成的管理学新领域。复杂系统管理研究分布在城市规划、灾害预警、医疗诊断、社会风险预警、金融监管等方面（Battiston et al., 2021；Zhai et al., 2019；Gao et al., 2018；Baham et al., 2017；麦强等，2019）。在北斗卫星导航、港珠澳大桥等大型工程领域，复杂系统管理发挥了积极作用。

当前围绕复杂系统管理研究包括以下方面。

（1）系统涌现与演化。学者关注于如何理解和预测系统中的涌现现象，包括对系统内部相互作用和外部影响因素的研究（Battiston et al., 2021；Zhai et al., 2019）。

（2）复杂系统管理与调控。学者主要研究在不确定和动态情境下，如何影响系统朝向期望的状态或行为发展（Gao et al., 2018；魏一鸣等，2005）。

（3）系统方法论。学者主要研究如何使用网络科学、人工智能提供决策支持方法（高自友等，2023）。

人工智能、物联网等信息技术的发展使个体之间的关联更加紧密和多元化，系统的复杂程度也随之不断提高，这就对复杂系统的研究、管理提出了挑战。基于信息技术形成的"信息—物理—社会"复杂系统影响日益深入，并呈现出人机融合、虚实互动、复杂异构等新特点，这为复杂系统管理研究提供了新的方向。

2.2 产品网络

2.2.1 推荐系统影响研究

Resnick（1997）最早提出推荐系统的概念，他认为推荐系统是电商平台和网站向消费者提供产品建议，帮助消费者优化决策，降低不确定性的一种工具。Anderson（2006）认为推荐系统是基于用户的兴趣偏好和行为信息的系统。相较于被动获取信息方式的搜索引擎而言，推荐系统更多的是挖掘用户行为和偏好信息，从而主动地向用户推荐可能感兴趣的新信息。Thompson 等（2004）认为推荐系统根据用户的行为数据（浏览商品、点击链接、网页停留时间）以及发表的评论等偏好数据，为用户更加个性化地过滤大量不相关的信息，这可以看作一种咨询建议或决策支持的工具。推荐系统极大地优化了用户的信息决策，减少了信息搜索成本（Pathak et al.，2010）。例如：Brynjolfsson（2003）分析了推荐系统帮助消费者发现新产品，从而增加产品多样性以满足消费者的需求；Pathak 等（2010）表明了推荐链接可以直接增加推荐产品的销售量，当推荐系统被当作营销工具时，它不仅帮助消费者选择相关信息，还帮助商家增加了在线收入。Hosanagar 等（2014）发现了个性化推荐系统使用户的兴趣变得更加广泛了，从而增加了用户与其他用户的共同兴趣，推荐后存在数量效应和产品组合效应，前者指用户在推荐后消费物品数量增加，后者指在推荐后用户的产品购买组合更加相似。卡祖铭等（2024）分析了大型语言模型在推荐系统中的应用和影响，通过语言模型将优化推荐质量，提升用户满意度。

在商品信息日益丰富，移动化和社交化产生更快速、更多样的信息碎片的当下，用户搜索到需要的产品日益困难，通常用户的信息一方面来自身边的人际关系，另一方面则来自商业广告和社交媒体、搜索引擎、各类 App。基于身边人际关系的信息推荐，由于其主观性太强、专业性不够，应用范围受到限制，不能大规模低成本地推广。而商业媒体信息的广告性质过强、带有明显劝导商业目的等，在线电商平台上，基于海量用户和海量商品信息，推荐系统具有明显的优势，借助数据挖掘、图像识别、深度学习等技术手段，推荐系统可以低成本、客观、专业、大规模地实现信息的个性化推荐和主动推荐。根据推荐系统的实现算法原理划分，主要包括基于内容过滤、协同过滤（含关联规则）、语义分析，基于效用情感、模型等方面（刘平峰等，2007；许海玲等，2009；王国霞等，2012；孙鲁平等，2016）。Li（2017）提出了基于效用的链接推荐模型，发现考虑效用后，推荐效果有所提升。Panniello（2016）分析表明推荐系统的多样性和准确性对顾客信任有显著影响。Wang 等（2018）分析了不同类型推荐系统对消费者信任的影响。Lee 等（2019）分析了电商网站中的协同过滤推荐系统对产品销量多样性的影响。Kumar 等（2019）量化了产品推荐链接对需求的作用，发现产品推荐链接平均带来 11% 的收益增加。Lee 等（2021）研究了推荐系统与产品口碑之间的作用关系，发现推荐系统增加了在线评论数量，并且不同的产品类型具有显著的调节作用。此外，推荐技术融合社交关系、移动技术、深度学习等也有新的进展。例如：谢辉等（2017）结合移动技术，分析了用户网络推荐的特点；景楠等（2017）考虑了用户社交关系进行了推荐技术设计；胡春华（2021）融合深度学习对社交电商进行了推荐算法设计；叶佳鑫等（2022）从用户群的角度，基于影响力传播进行了推荐算法设计。

推荐系统的商业价值的影响因素主要体现在以下几个方面。

1. 网站平台的信誉和品牌

Katz（1985）认为电商平台的产品和用户规模等因素影响到用户对推荐产品的信任感。Lai（2000）分析表明用户对电商平台的信任和感知会影响到用户对该平台推荐系统的接纳程度。金立印等（2008）表明用户更喜欢专业性的网站的推荐信息，专业性是电商平台要考虑的重要因素。对综合性网站而言，如母婴、家电、女装等专业性平台网站的推荐，对特定人群更有效果，其推荐信息让用户觉得更真实可信（肖如意，2024）。

2.考虑推荐信息的维度

对电商网站而言，消费者接触到的信息不同，影响也就不同，因而推荐系统主要分析信息的推荐强度、多样性、新颖性等方面的问题。

（1）推荐产品信息强度。它主要包括三个维度，一是推荐的商品在页面上所展示出来的总数目。电商平台在推荐页面一般会展示有限数量的商品，有的是4个商品，有的是8个商品，有的有翻页功能，但最多可以被推荐和展示的商品数量是有限的。Pathak（2010）分析表明推荐的产品越多越容易带动交叉销量，但是如果一次性推荐过多信息，会使用户降低对系统的满意度。二是推荐商品的信息展现方式。如推荐商品信息是否包括销量排名、产地、商家信誉、评论数量、物流保证和时间等。Cai（2009）发现在饭店如果对菜单上的菜品增加了评分排序等信息后，这些菜的销量有明显提高。消费者在看到所推荐产品的不同属性的信息时，会产生不同反应，因此不同的信息展现会影响消费者对推荐系统的评价和效用。三是推荐商品在网页上的位置。Pathak等（2010）分析了在推荐系统中，位置更加靠前的推荐商品信息会带来更好的销量。姜旭平等（2011）分析了搜索引擎营销中的信息在页面的位置、排名等方面的影响因素，发现同样在推荐引擎营销中，展示信息的位置不同也会有不同影响和作用。

（2）推荐商品信息的多样性。随着技术的发展，消费者的需求是多样的，因此互补产品、互补需求的推荐日益重要。Pathak（2010）等发现商品推荐多样性的缺乏使得推荐系统不能提高消费者的整体满意程度。推荐商品信息的多样性和消费者对推荐系统的满意度是呈正相关的（张富国，2009）。肖如意（2024）从信息熵的角度测量产品推荐多样性，并分析其对消费者两阶段决策的影响。

（3）推荐商品信息的新颖性。在用户和推荐系统的关系发展中，大量重复、熟悉的信息使用户对推荐信息的效用不断降低，而信息的新颖性可以唤醒消费者（刘倩，2011）。大量推荐准确而熟悉的产品信息，使消费者产生过度重复的厌倦感，例如，消费者已经购买了该产品，但是却被重复推荐。一些热门产品也频繁地出现在消费者的推荐列表，对于已经熟悉和购买过的用户，可能需要更加小众或者相对不熟悉的推荐信息，如果推荐的商品是对用户有实用价值但却是用户不熟悉的，则可以提升用户的满意度。

3. 不同类型的推荐系统也会有不同影响

不同的推荐原理和设计思路，会产生不同的推荐效果。每种算法和设计所针对的产品特点、用户情况、品牌竞争、消费习惯都有所不同，对不同人群的差异性行为、对不同产品的特点会有较大差异性（Ansari et al., 2000）。基于内容相似性的推荐，通常会把热门的产品排行榜推荐出来，使排行靠前的商品被大量推荐，导致"热"得更"热"、"冷"得更"冷"，通常存在"峭尾曲线现象"（Tucker 和 Zhang, 2011）。同时，基于内容的推荐，往往容易侧重于商品的单一属性，如价格、品牌、功能、原料等（Murray 和 Häubl, 2007）。这样也容易导致在推荐的过程中，使产品的某一特征被过度重视，而忽视了产品的其他特征。基于协同的推荐系统也大量出现在亚马逊、淘宝、京东、蘑菇街、唯品会、拼多多等各类平台，经常出现"买了的用户还买""看了的顾客还看"等推荐信息，协同推荐使更多小众的商品出现，冷门的产品被挖掘出来，从而出现了"长尾现象"（Anderson, 2006; Pathak et al., 2010, Stöckli et al., 2021）。协同过滤主要是寻找与用户相似的群体，通过参考群体的选择进而为用户推荐，这种思路比基于内容相似的推荐更能帮助用户发现不熟悉但是有价值的商品，从而突破了基于物品相似特征进行推荐的算法局限，有助于帮助用户发现更多冷门但感兴趣的产品。因此，在海量产品的电商平台，容易出现"长尾曲线"销售现象。

2.2.2 产品网络研究

随着技术的发展，推荐系统应用不断扩大。Netflix 公司 60% 的影片租赁业务来自推荐系统；亚马逊 35% 的销售额来自推荐系统（Thompson et al., 2004）。国内的电商平台也大量应用了推荐技术，网络推荐系统极大地优化了用户的信息决策，减少了信息搜索成本（Anderson, 2006; Pathak et al., 2010）。在网站中，网络可以被描述为单个网页的集合，其中超链接代表两个页面节点之间的边。在电子商务中，由于各种推荐系统的存在，大量商品不是孤立存在的，在这些网站中，产品是节点，产品之间的推荐链接可以看作网络的边。随着移动化、个性化推荐引擎的发展，对有关推荐系统的经济影响和产品连接网络的商业价值的研究正在增加。例如 Fleder 等（2009）对苹果 iTunes 分析表明，基于推荐系统所构造的产品网络扩大了新产品传播，促进了用户网络的形成。Hosanagar 等（2014）发现基于个性化推荐系统形成的产品网络和用户网络，存在偏好效应，使得用户偏好更加相似。

随着对推荐产品链接的深入研究，不少学者开始基于产品链接构建相应的产品联系网络，这些链接通常是基于推荐算法而形成的。例如，在淘宝网或亚马逊网站中，消费者浏览一件产品页面时，在商品附近会有推荐商品出现，通常标有"购买此产品的顾客也购买了以下产品""看了该产品的顾客还看了以下产品"等推荐信息。有不少研究者从产品网络角度展开了相关研究，例如，Oestreicher 和 Sundararajan（2012）研究了亚马逊网站上的共买网络，从可见性角度，分析了互补产品关联网络，基于出入度、网络密度、中心性等指标分析了其对产品需求的影响。同时，他们也分析了不同的产品网络结构特性，发现不同产品网络结构会对产品需求的分布产生不同影响，对如何优化长尾产品和热门产品之间的链接组合为商家提供了指导。Goldenberg 等（2007）通过在线视频 YouTube 网站中的上传视频用户形成的用户网络，以及视频节目推荐链接形成的产品网络，运用模拟和实验的方法发现双层网络结构更有利于用户搜寻内容，并且在高质量内容方面的搜索成本也更低，从而提高了用户的满意度。Ransbotham 等（2012）构建了贡献者——内容联系网络，发现维基百科上文章内容的浏览量和文章在作者——内容网络中的局部和全局中心性有显著正向关系，并发现新的内容受到的影响比旧的内容更大。Leem B 和 Chun（2014）分析了亚马逊的推荐系统所形成的图书共买网络的作用，还分析了六种社会网络分析中度量中心性的指标与需求的关系，包括度中心性、亲密度中心性、中介中心性、特征向量中心性、PageRank 中心性、聚集系数。它们的回归结果表明一本书在推荐产品网络中的位置会影响其需求，对比六个指标发现对图书销量影响最大的是度中心性。此外，Oestreicher-Singer（2013）将产品收入分解为产品内在价值和网络价值，网络价值主要是指基于外部链接而产生的流量，他还通过实证数据检验提出产品网络价值的评价模型。Lin Z 等（2017）基于天猫网的产品数据，从四个产品类别构建了动态产品网络，研究了网络多样性和网络稳定性对产品需求的影响，同时比较了"买了又买"和"看了又看"两种网络的差异。Kwark 等（2016）分析了基于用户协调过滤的"看了又看"和"买了又买"所构成的产品网络特征。Liang 等（2019）基于移动端推荐系统分析了相似功能 App、相同开发者等关联产品推荐的溢出效应。Stöckli（2021）发现不同推荐机制形成的产品网络对评论影响有显著差异。

围绕数字内容的产品网络研究相对较少，数字内容因其自身的属性和功能，通常给用户带来独特的价值体验。

2.2.3 产品相似性研究

Henderson 和 Quandt（1958）把替代品定义为："如果两者都能满足相同的需求，则两种商品是替代品。"当产品被认为是可替代时，它们也可以被看作相似的（Ratneshwar 和 Shocker，1991）。在营销领域，研究产品相似性主要包括产品的功能属性、分类及品牌三个方面。在产品功能属性相似性方面，Park（1991）从产品特征的角度定义了相似性，通过研究发现产品的属性特征越相似，则对品牌拓展越有利。Weitz（1991）将相似性分为两类，一类基于表面因素，另一类基于深层因素。当用户不熟悉产品的特征时，他们对相似性的判断主要基于表面因素。梁邦勇等（2005）通过挖掘产品特征，分析了电商网站中不同产品页面的相似性。Zhai 等（2011）提出了基于从评论中提取产品属性和特征维度的新的聚类学习方法。在产品类别和品牌相似性方面，Loken（1990）将相似性理论扩展到了品牌延伸、消费者意识和产品分类领域，他比较了不同类别产品的相似性。基于相似性原则，企业尝试将已有品牌拓展到新产品，通过相似的品牌延伸减少风险。Hem（2003）分析了产品分类的相似性，发现在品牌拓展过程中，产品的分类越相似则市场和消费者对其接受度越高。Yeo 和 Park（2006）表明品牌拓展在市场竞争中，相似性越高越有竞争力。Chang 等（2011）探讨了品牌拓展过程中，产品分类相似性问题，他们发现产品分类具有相似性更容易被市场接受。Ortal 和 Edahiro（2020）提出了一种基于产品属性向量的方法用来测量产品相似性。

围绕数字内容的相似性研究也在不断引起重视。数字内容产品是指将图像、文字、影像、语音等资料，运用多媒体信息技术加以数字化并整合应用的产品或服务。数字内容商品是以创意为核心，以互联网、移动互联网、智能手机等信息技术为载体的精神商品（夏皮罗和瓦里安，2002；谢康，2003）。数字内容产品主要分为用户生产内容（User Generated Content, UGC）和专业生产内容（Professional Generated Content, PGC）两类，其中，UGC指的是由普通用户参与创作、编辑和发布的内容，这种创作方式是由Web 2.0时代引起的，UGC可以是图片、视频、音乐、博客、评论等形式。PGC指的是由专业的内容创作者或团队进行创作、编辑和发布的内容，这种创作方式起源于传统媒体时代。随着人工智能的发展，基于ChatGPT等工具的人工智能生成内容（Artificial Intelligence Generated Content, AIGC）得以出现，AIGC利用人工智能技术和自然语言处理技术来生成内容。例如：在推荐平台中，算法通过抽取不同新闻的主题词、关键词、兴趣标签、热度等，建立向量或者嵌入表示文本，文本向量建模后，再通过余弦夹角、欧氏距离进行新闻文本相似度计算；在社交平台中进行视频去重和推荐时，通过计算短视频之间的相似度来判断它们是否存在重复的部分，常见的相似度算法有余弦相似度、Jaccard相似度等，算法通过提取短视频中的特征，如颜色直方图、SIFT特征等进行比较和判断，或者通过对短视频进行哈希处理，对特征建模后，考虑用户观看历史和点赞评论等数据，从而计算视频之间的相似度。

2.3 用户网络

2.3.1 用户社区空间

人类社会是一个错综复杂的生态系统。人们的行为，不仅是个人意志的体现，也是环境、社会文化、人际互动等多方面因素共同作用的结果。在社会学领域，"用户网络"（Mitchell，1974）一词用于对群体，如部落、家庭、社区等关系模式进行分析。对用户网络研究理论包括，六度空间、弱连接、小世界、结构洞等方面（李立耀等2015，Peng et al., 2018），从研究方向看，包括社区检测、链接预测、社会影响分析、行为传播（曹金鑫等，2023）。

在计算机领域，用户网络起源于电子邮件，现在是应用最广泛的应用程序。随着用户网络的发展，越来越多的新平台上线，如2004年的Facebook和Flickr、2005年的YouTube、2006年的Twitter和2009年的新浪微博。在互联网社区中，用户浏览和共享信息并与其他用户进行交流互动，通过交流，用户获得他人的关注，从而建立信任关系，用户获取信息的方式也不断从被动接收转向主动发布和传播。随着移动互联网的普及，用户网络已经成为人们获取信息、沟通感情和娱乐的重要渠道，它满足了用户"认识新朋友""被人发现""分享新信息""发挥影响力"等需求。围绕在线用户网络分析，研究领域包括：网络拓扑结构分析，群体行为（社会学习与互动）个体相似性、弱连接，以及产品扩散、信息传播等方面（图2-1）。

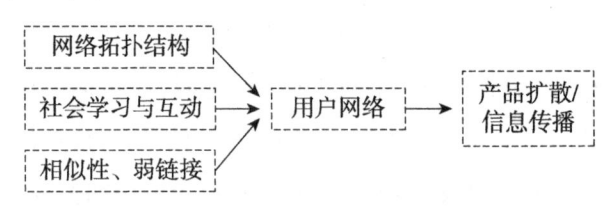

图 2-1　用户网络相关研究因素

1. 网络结构对学习和传播的影响

围绕用户网络结构方面研究有：Pastor-Satorras（2022）建立SIS模型并分析表明网络拓扑结构对传染过程有重要影响；Goldenberg等（2007）基于主体建模分析口碑对企业利润的影响，当消费者数量不多时，负面口碑影响强烈，弱连接在传播中作用明显；Yong（2009）通过传染、学习等不同的建模方式，分析了新产品、新技术在异质性用户网络的扩散传播过程；Peres等（2010）基于不同网络结构的创新扩散生命周期建模，分析了复杂网络环境下创新扩散的影响效应。Iyengar等（2011）分析了意见领袖对新产品扩散的作用；Aral等（2012）基于数据研究了用户网络中有影响力和易受影响的成员；Hofstra等（2015）分析了网络节点的特征会对利润有不同影响，包括度数、网络密度等表现出不同程度的影响；Kumar（2013）表明当能够找到社会网络中有影响力的消费者，并进行有目标的社会化营销，可以将企业的净利润提高10%。

2. 基于用户相似性网络的研究

在电商平台上，推荐引擎会推荐相似用户的选择行为。当用户观察到与自己相似的用户群体的先行选择和消费时，会受到社会影响，容易产生学习或跟随行为。Anderson（2006）和Pathak等（2010）分析了Netflix网站协同过滤推荐系统对产品销售的影响。Al-Sharawneh（2010）提出基于意见领袖的协同过滤推荐模型在对消费者行为预测方面更加准确。Cai（2009）分析称，当观察者与被观察者存在相似性时，个体的选择更容易受到其观察到的消费者决策的影响。Fleder等（2009）对苹果iTunes的分析表明，推荐系统拓宽了新产品的市场范围，同时使用户之间的联系增强了。Gan等（2013）通过挖掘评论者的人口特征和偏好来建立节点之间的链接并构建了评论者相似性网络，基于该网络，他们提出的方法显著提高了算法的性能和推荐效果。黄敏学等（2016）分析了意见领袖的形成机制，发现信息创造和网络结构对意见领袖和非意见领袖的关系构建的影响力大小存在差异。目前，基于消费者相似性网络对个体决策的影响更多地偏向技术层面，随着推荐系统的日益发展，基于推荐的产品网络对消费者决策影响加大，同时考虑产品网络与用户网络相结合的分析不多。

3. 围绕用户社会互动方面的研究

在用户网络中，围绕用户社会互动方面的研究，现有研究主要从同质性、互惠性以及外部因素（社会影响理论、网络外部性理论）进行分析。Johan Bollen等（2011）分析Tweets信息后发现，用户内容生成和传播与证券市场、政治事件有强相关性。Aral（2012）从同质性角度，对Facebook近100万用户进行研究表明，兴趣相似的用户之间的互动倾向更高。Goolsbee和Klenow（1999）在研究美国电脑普及过程中发现，基于邻居相互影响的从众效应是影响扩散的重要因素。Lewis等（2008）在研究流行音乐网络效应时表示，消费者不一定选择最好听的音乐，而是关注其身边朋友的选择，选择身边朋友消费的音乐能够带来更多效用。Lobel和Sadler（2015）在用户网络背景下，基于贝叶斯学习，研究了考虑社会学习的信息扩散问题。

从用户网络属性的角度来看，例如，Goldenberg（2007）探讨了中心程度比较高的节点（即具有非常广泛连接网络和关系的个体）在消息扩散和产品采纳扩散中的作用，他发现中心节点对产品采纳扩散过程的速度有更大的影响。在用户网络中，当网络更密集时，网络中的所有用户都会收到更多的直接信息，并会更及时地获得信息（Goyal，2012）。Hofstra（2015）发现节点的中心性和网络密度对于更有利的选择会产生积极作用。Hofstra等（2015）分析了度中心性、介数中心性以及网络密度对利润的不同影响。杨学成等（2015）分析了用户网络对公司价值共创的作用。Muller等（2019）总结了用户网络结构特点，包括聚类、联系强度、节点中心性，以及用户自身性格特点对创新行为和市场行为的影响。刘蕾蕾等（2019）总结了用户社区画像相关研究。Zhang 等（2012）分析了用户网络结构对内容产品扩散的影响。李彬等（2022）基于实证分析表明在线社交形成的社会网络结构能够显著促进社会资本积累，私人微信朋友关系的建立能显著提高社会资本水平。

2.3.2 用户相似性研究

社会学中的同质性原理强调个体更倾向于与态度、价值观、行为相近或相似的人交流。人们往往喜欢与自己在年龄、外貌、性格、态度、价值观等方面更相似的个体交互。在理论上，同质性被定义为"交往的个体在信仰、价值观、教育、社会地位、年龄、性别、生活方式等属性相似的程度"（Rogers 和 Bhowmik，1970）。Byrne（1967）指出，相似性和吸引力之间存在着正向的线性关系，他称之为"吸引力定律"。Woodside 等（1974）探讨了推销员与顾客的相似性和推销员的专业知识两者对消费者购买行为的影响。他们的研究结果表明，相似性比专业知识具有更强的影响力。Cai（2009）分析了消费者在社交环境下做决策时，当与被观察者存在相似性时，个体的选择更容易受到其观察到的消费者决策的影响。在心理学领域，研究表明个体在交往的初期，年龄、外貌、地位等外在特征对相互之间的吸引有重要作用，但随着社交关系的不断深入，内在的价值信念、习惯、个性等因素的作用在增强，并逐渐超过外貌、收入、学历等外部特征，最终价值观、兴趣、行为方式相似的人能够成为长期好友。即使熟悉的人，也会因为观念的差异性，最后分道扬镳（Curry 和 Kenny，1974；Neimeye 和 Mitchell，1988；潘旭伟等，2023）。

在技术领域，今日头条等个性化推荐系统通过挖掘用户之间的点击行为、兴趣偏好、话语主题、朋友关系等协同特征的相似性，提升推荐模型泛化能力，解决推荐算法越推越窄等问题。在线评论也有部分关于用户相似性的研究。例如，Fridlund（1991）发现，个体与他人一起观看正面的视频比个体单独观看该视频时表现出更多的微笑。Yaniv 等（2011）发现用户对与自己相似的用户的观点更为敏感，当用户和评论发布者之间在某方面具有一定相似性时，有利于增强用户对评论者的信任感。Dorothea 等（2014）分析了正向的口碑和相似性的作用，有利于吸引新客户。Chan 等（2017）基于实际数据发现顾客与评论者之间的人口特征和偏好相似性会影响在线评论对酒店的订购意向。

在电商平台上，Linden 等（2003）发现推荐系统技术会推荐相似消费者的购买选择，消费者观察到了相似消费者的先行选择，愿意接受推荐信息，从而引发从众行为。在经济学领域，如Nicholas Economides（1984）认为，偏好相似（Preference Similarity）是影响地区间贸易的重要原因。

关于消费者情感相似性的文献，其研究重点主要集中在技术和算法，也有部分研究其经济影响。例如，Yang 等（2013）使用情感相似度技术来分析微博账户，他们提出了一种基于 Karhunen-Loéve 变换技术来衡量情感相似度的方法。Mohtarami 等（2013）为分析词语情感相似，提出了基于概率的方法来推断词语之间的相似程度。为了对这个词的情感极性进行分类，Feng 等（2013）评估了不同语料库在情感相似度测量中的区别。Li 和 Hitt（2008）的实证分析表明消费者的评论主要反映了自身偏好与产品匹配的评估信息。他们发现情绪差异性越大的评论对销售影响越大，因为情绪差异性越大的评论反映出了更多的产品信息。李超（2013）分析了共同点更多的朋友对用户的影响程度更强，他们通过情感相似度分析来衡量微博用户的社会影响力。在微博中，情感相似的个体更有可能产生交互和联系。此外，不同个体之间的情绪会相互影响。

2.4 在线产品评论

2.4.1 在线产品评论挖掘

文本挖掘是以信息系统领域中的语言学与数理统计中的基本统计分析为理论基础，结合机器学习和信息检索技术，通过对文本内容的策略性提取，最终将其转化为普通人可以理解的"知识"的过程。文本挖掘方法可以对研究者预先取得的文本数据，进行特性提取、内容总结、分类聚类处理、关联情况分析、语义分析等工作，或利用其时序特点进行一定的未来趋势分析等。文本挖掘技术主要应用于主题跟踪、信息抽取等方面，在信息检索、知识管理，以及科技情报分析等领域也展现出了广阔的应用前景。

在线产品评论主要利用自然语言处理、图像识别等技术，对半结构化的各种形态的评论信息进行抽取和挖掘，包括产品属性和特征提取、消费者的态度和情感分析及文本主题分类聚类等。

（1）需要从样本研究中提取所有特征项，通过构造的评估函数对每个特征项打分，然后进行排序，筛选出重要特征。在对特征选择时，通常用到的方法包括：文档频率法（TF-IDF）（Abrahams et al., 2012）、信息增益（IG）（Lee et al., 2006）、互信息（Mutual Information）等。这些方法各有优劣，适用的情况也各不相同。因此，在比较特征选择方法时，可以根据具体的样本和训练数据，分类思考并进行综合比较，进而制定最适合的特征选择方法。

（2）在消费者的态度和情感分析方面，主要包括词语极性推测法（Hatzivassiloglou, 1997）、点互信息法（PMI）（Turney, 2002）、利用bootstrapping抽取主观表达式法（Riloff, 2003）和意见基于词库构造情感词典（Kanayama, 2006）等方法。

（3）文本主题分类技术是以产品特征和关键字抽取为基础，包括统计、规则等分类方法。目前基于统计的方法最流行，包括支持向量机（SVM）、朴素贝叶斯（NB）、K近邻（KNN）和最大熵模型（EM）等。

2.4.2　在线评论商业价值

经济合作与发展组织（2007）提出，UGC主要包括三个基本要素：原创性、在网站平台上发布、由业余人士生成。Shim和Lee（2009）把UGC定义为用户产生的特别是用户原创或者交互产生的内容。Casoto（2010）认为，UGC是业余人士产生可以分享的信息。更广义地看，在线评论/UGC包括用户针对产品、购物体验的文字、图片或视频等多媒体信息（赵宇翔，2012）。除UGC以外，还有企业营销生成内容（Marketer Generated Content, MGC）。Goh等（2013）、马晓君（2023）指出，企业在运营和市场管理过程中，通过在各种媒体、电商平台上发布产品的信息和介绍等内容，旨在加强与消费者的沟通，提升产品的曝光度和消费者的认知度。这些信息具有诱导性，通常包括产品的功能、品牌、属性、价格、销量等营销内容。

随着移动端的发展及视频、拍照技术的成熟，基于企业营销生产的内容，因为其专业性，这类内容对消费者的影响日益加大。一些专业性的内容电商平台会雇用专业人士生成相关内容，从而刺激消费者的购物欲望。例如，淘宝商家雇用模特拍摄相关的产品介绍，抖音"网红"通过直播等平台创造更专业的 MGC 来带动销量。在移动端日益流行的当下，视频和图像带来的影响和冲击更大，促使各种 MGC 信息不断生成。从 UGC 和 MGC 关联的对象来看，主要涵盖书籍、产品、音乐、视频、新闻等几大类。消费者在购买相关产品或者服务后，会在微博、微信、Facebook 等社交平台，或者在电商产品详细页面与第三方点评网站发布评论。根据 Nelson（1970）的分类，基于获取商品质量信息的成本不同，线上产品主要分为搜索型产品和体验型产品。像电子、数码等搜索型产品，消费者在购买前通过了解其性能、参数，就能大致知晓产品质量。而音乐、视频、图书、护肤品等体验型产品，其质量需要亲自使用和体验后才能确定。UGC 愈发成为用户网络平台的主要特色。智能手机价格降低、普及速度加快，新型社交软件不断涌现，虚拟现实（VR）和增强现实（AR）等技术持续发展进步，视频和照片画质得以改善，这些都让大众拥有创作机会，促使 UGC 呈爆炸式增长。此外，视觉内容制作变得更轻松有趣，人们的分享习惯也逐渐从文字书写转变为拍摄图片和视频。此外，视觉内容的制作变得更轻松有趣，人们的分享习惯逐渐从文字书写转变为拍摄图片和视频。

产品评论影响模型包括传播动机、信息要素、影响需求，以及调节因素等方面，如图 2-2 所示。

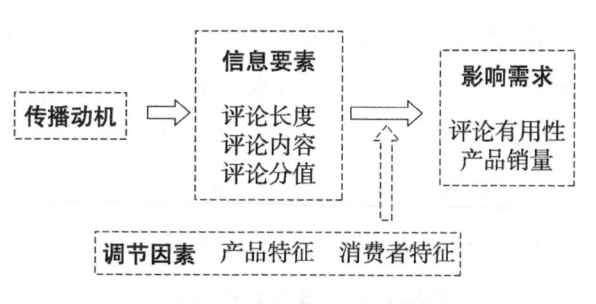

图 2-2　产品评论影响模型

其一，在影响需求和销量方面，Ye 等（2009）分析了酒店网站的用户评论信息对酒店销量造成的影响。Goh 等（2013）研究了在美国 Facebook 平台上，用户创造的信息内容会显著提高产品的销售额。龚诗阳、刘霞（2013）通过分析在线图书评论销售数据，发现评论与书籍销量有明显关系，并且发现在图书的不同销售阶段，评论的影响不同。Risselada（2014）从社会影响（Social Influence）和直销（Direct Marketing）角度分析了在产品发售初期，社会影响会显著提高新产品的采纳率。

其二，在评论有用性方面，在线口碑传播包括双加工理论（Dual Process Theory），基于说服－顺从的人际关系理论，从传播动机到评论对消费者意图的影响，其中在线评论研究主要基于理性行为模型（TRA）（Ajzen 和 Fishbein，1977）、技术接受模型（TAM）（Davis et al.，1989），分析在线评论与感知有用性的关系。

对在线产品评论影响的研究具体体现在评论内容特征、评论者特征、产品特征、消费者特征等方面。

其一，评论内容特征。Chevalier 和 Mayzlin（2006）基于在线图书实证分析表明评分得分和评论数量对购买意向的影响是正向和显著的。Mudambi 和 Schuff（2010）表明了评论越长，包含的信息量越多，越能降低消费者的不确定性，评论就越有参考价值。对于不同类型的产品，评论长度有不同影响，评论的情感性、主客观表述也有不同影响。Ghose 和 Ipeirotis（2011）分析表明评论主观性越强，有用性越低，主观和客观混杂度越高，有用性越高。Schlosser（2011）认为包括正面的、反面的在内的更多样化的产品评论内容比单一极性的内容更有价值。

其二，评论者特征。Senecal 和 Nantel（2004）通过对不同平台的研究表明，网站的独立性越强，消费者越容易接受该平台的评论信息。Cheung（2012）从信息来源的可信度角度分析了评论的影响。卓四清（2015）基于 Tripadvisor 网站的 4258 条酒店评论数据，发现评论者的信息公开程度对消费者采纳评论信息有正向影响。

其三，产品特征。郝媛媛（2010）分析了在线产品评论感知有用性的影响因素，并比较了不同类型产品的影响差异。王智生和李慧颖（2016）对不同类型的产品进行数据验证时，发现产品类型在评论极性对评论有用性的关系中具有调节作用。廖俊云、黄敏学等（2016）基于产品质量角度，分析了品牌和评论对团购网站酒店销量的影响,基于实际数据的分析有力地说明了消费者的社会学习行为对产品销量的显著影响。

其四,消费者特征。Sher 和 Lee（2009）分析了当消费者类型不同时,在线评论有用性存在差异,他们的研究考虑了消费者的感知风险类型。

此外,还有部分研究分析了关联产品评论的溢出效应等问题。Libai 等（2009）研究了在新产品扩散中的口碑溢出问题,积极的口碑溢出效应会使市场的后进产品起飞时间缩短。Peres 和 Van den Bulte（2014）分析了独占性垄断公司的产品无法受益于其他公司产品产生的口碑溢出效应。Kwark 等（2016）研究表明了替代产品在线评论的评论等级会降低消费者对本产品需求,而补充产品的平均评分对本产品需求有积极影响。Chae 等（2016）研究了口碑溢出在广告投放与营销种子选取等方面的影响。此外,跨产品的溢出效应因品牌而异,研究表明,当产品共享一个品牌名称时,消费者对产品质量的看法有相互影响（Seetharaman et al.,2006）。

2.5 基本概念

本研究的基本概念分为两个部分,第一个部分将介绍本研究涉及的不同网络形式,包括产品推荐网络、产品-用户双层网络、用户社交网络等；第二个部分讲解复杂网络指标,主要包括节点中心性、平均路径长度、网络密度等指标,可为本研究后续分析提供概念支撑。

2.5.1 相关网络类型

随着互联网技术的迅猛发展,我们日常的工作和生活中会接触到各种复杂网络的应用,像常用的搜索引擎,微信、微博等社交关系网络,电商网站的商品推荐系统,以及视频、音频 App 中的内容推荐功能等。

复杂网络是将复杂系统中的元素抽象为节点,元素间的关系抽象为边的模型。它通常具备小世界、无标度、社团结构、自组织、自相似等特性。其中,无标度特性是指网络中节点的度分布服从幂律分布,也就是说,具有某个特定度的节点数目与这个特定的度之间的关系,能够用一个幂函数近似地表示。这种节点度的幂律分布就是网络的无标度特性，它主要体现了网络的聚集特点。

小世界特征则是指在网络中，节点之间的连接关系数量可能相对较少，但能够通过较短的路径，与距离较远且原本无直接关联的节点建立联系。例如，在社会网络中，人与人之间直接相互认识的关系数量或许有限，但借助较少的中间连接，就可以与身处远方、原本互不相关的人产生关联。

本研究涉及的复杂网络包括以下几种。

1. 产品推荐网络

在淘宝、抖音、网易云音乐等平台上，大量商品、视频和音频基于推荐链接产生联系，在基于推荐系统所构建的复杂网站里，节点是商品、音频和视频，边是商品、视频和音频之间的连接关系。产品数据包括：类别、标签、描述、评分等，以及产品之间的关联性和相似性。这些信息有助于理解产品的特性和用户需求。产品推荐网络广泛应用于电商、社交媒体、新闻资讯等领域，如电商平台的商品推荐、音乐平台的曲目推荐等。

2. 产品-用户双层网络

在电商平台或内容平台上，产品-用户双层网络表示为以用户、商品或内容页面为节点，以用户点赞、评论、收藏、关注等行为为边的产品-用户双层网络。根据收集到的用户行为数据，将用户和产品分别作为节点，把用户对产品的互动作为边，构建初始的双层网络，边的权重可以根据用户互动的频率或强度来确定。在产品-用户双层网络中，通常会形成一些紧密连接的用户和产品社团。这些社团内部的用户具有相似的兴趣和行为模式，而社团间的联系则相对较弱。这种社团结构有助于识别具有共同兴趣的用户群体。产品-用户双层网络不是静态不变的，它会随着时间推移和新数据的加入而动态变化。通过分析产品-用户双层网络中的社团结构和用户行为模式，推荐系统可以更准确地预测用户的兴趣和需求，从而提高推荐的相关性和满意度。

3. 用户社交网络

在电商平台、内容平台上，每个用户都被视作一个节点，而用户之间的互动则构成了连接节点的边。边包括点赞、评论、收藏、关注等行为，它们反映了用户之间的社交关系和兴趣偏好。用户社交网络中的用户行为数据，如浏览历史、购买记录、评价反馈等，被用于分析用户的兴趣和需求，进而向用户推荐合适的产品或内容。这种基于用户网络的推荐系统能够提高推荐的相关性和满意度，同时增强用户体验和平台黏性。

2.5.2 复杂网络指标

复杂网络常用指标包括节点的度（Degree）、度中心性（Degree Centrality）、中介中心性（Between Centrality）、接近中心性（Closeness Centrality）、特征向量中心性（Eigenvector Centrality）、聚类系数（Clustering Coefficient）、平均路径长度、网络密度等方面。

1. 度

复杂网络里，一个节点与网络中其他节点的连边总数就是节点的度。

2. 度中心性

度中心性是判断节点重要性的指标，计算公式：

$$DC_i = \frac{K_i}{N-1} \qquad (2-1)$$

在图论和网络分析中，K_i 表示网络中与节点 i 包含的边的数量，N 表示网络中所包含的节点总数。一个节点的节点度越大就意味着这个节点的度中心性越高，该节点在网络中就越重要。在本研究中，产品的连接越多，则产品对关联产品的影响力就越大。度分布是指网络中节点度值的概率分布，它是分析一个网络中节点性质的重要内容之一。

3. 中介中心性

中介中心性表示经过该边或该节点的最短路径的数量，以经过某个节点的最短路径数目来刻画该节点的重要性，计算公式：

$$BC_i \sum_{s \neq i \neq t} (\frac{K_{st}(i)}{K_{st}}) \qquad (2-2)$$

$K_{st}(i)$ 表示从 s 到 t，经过节点 i 的最短路径数，K_{st} 表示从 s 到 t 的最短路径的数量。例如，在互联网中，具有较高介数中心性的网站节点对网络信息流动能产生更多的控制。

4. 接近中心性

接近中心性是指反映在网络中某一节点与其他节点之间的接近程度。如果一个节点距离其他的节点很近，那么传递信息的时候就不需要依赖其他的节点。若一个节点到其他所有节点的平均距离为 d，则接近中心性为 $1/d$，计算公式：

$$CC_i = \frac{1}{n-1}\sum_{i\neq j}d_{ij} \qquad (2\text{-}3)$$

d_{ij} 表示节点 i 到节点 j 的最短距离。接近中心性可以用来衡量信息从该节点传输到其他节点的时间长短，节点的接近中心性越大，表示其在所在网络中的位置越靠近中心。

5. 特征向量中心性

特征向量中心性是对网络中节点重要性的一种度量，一个节点的重要性不仅取决于与其相连的邻居节点的数量，也取决于其邻居节点的重要性，x_i 节点特征向量中心性计算公式：

$$C_e(x_i) = \frac{1}{\lambda}\sum_{j=1}^{n}A_{ij}C_e(x_j) \qquad (2\text{-}4)$$

其中 A 是 i 的邻接矩阵，C_e 是矩阵 A 的特征向量，λ 是对应的特征值。

6. 聚类系数

复杂网络里，一个节点的邻居节点之间连边的数目，占邻居节点之间最大可能连边数目的比例就是节点的聚类系数，计算公式：

$$C_i = \frac{2 \cdot E}{x_i \cdot (x_i - 1)} \qquad (2\text{-}5)$$

x_i 表示与节点 i 相连的边数，E 表示所有邻居之间存在连接的边数。

聚类系数分为局部聚类系数与整体聚类系数两种。局部聚类系数可以测量网络中每一个节点附近的集聚程度；整体聚类系数为所有节点聚类系数和的平均值。整体网络聚类系数计算公式如下：

$$C = \frac{1}{N}\sum_{j=1}^{N}C_i \qquad (2\text{-}6)$$

聚类系数用于衡量节点聚集的程度。例如，在现实社交关系中，通常朋友之间相互认识的概率比较大。

7. 平均路径长度

平均路径长度表示网络中任意两个节点路径长度的平均值，计算公式：

$$C_i = \frac{2}{N(N-1)} \sum_{i \models j} d_{ij} \tag{2-7}$$

d_{ij} 表示节点 i 和 j 的最短路径所包含的边数，N 表示网络中所包含的节点总数。通常，现实用户网络的平均距离较小，具有"小世界网络"的特点。平均路径长度把所有节点组合的距离求平均就是平均距离（Mean Distance），即平均路径长度，平均距离表示两节点间最有可能的典型距离，会决定网络的有效"尺寸"。

8. 网络密度

网络密度表示一个包含 N 个节点的网络中实际存在的边数 M 与最大可能的边数之比，分子 M 表示网络中的实际边数，分母表示网络中可能存在的最大边数。

$$\text{dens} = \frac{M}{\frac{1}{2} \times N(N-1)} \tag{2-8}$$

当 M 趋于无穷时，dens 为非零常数，表示网络是稠密的；当 N 趋于无穷时，dens 为 0，表示网络是稀疏的。

2.6 文献评述

通过上述内容对文献的回顾，国内外学者对产品评论、推荐系统、产品网络已有部分研究，但还有如下方面仍需完善。

（1）对推荐系统已有的研究，基于算法偏多，分别从内容相似、协同、规则、用户网络及偏好效用等方面对推荐算法进行改进，但对推荐系统的经济影响和商业价值的量化分析仍相对缺乏。已有产品网络的研究主要集中在共看网络和共买网络分析方面，而关于相似性网络的研究则相对较少，对基于图像识别的相似性推荐系统和因此而形成的相似性产品网络研究不多。随着深度学习等技术的发展以及移动端拍照功能的便捷，在电商经营过程中，图像、视频等作用日益重要，基于产品图像相似性的推荐网络更为高效，能为消费者提供产品筛选功能，相似性网络的作用以及基于该网络的产品 UGC、MGC、品牌等溢出效应需要进行进一步探讨。在不同推荐机制下，相似、共看、共买、共听等不同类型推荐网络的差异影响还缺乏足够的对比研究。数字内容产品与一般商品在生产及对消费者产生的效用等方面具有明显区别，短视频、图片、音频等创作会受到平台社区及用户偏好的强烈影响。已有文献对不同类型产品，如内容产品（短视频、音乐）和搜索产品（食品、家电、生鲜等）的产品推荐网络特点、商业价值缺乏比较分析，对视频、音频、文本、图像等多模态内容所形成的产品网络也缺乏比较分析。

（2）传统在线产品评论的研究对评论内容、产品特点进行的研究已非常之多，但考虑评论者相似性网络，以及挖掘评论内容相似性和情感相似性的研究不多。随着用户社区、用户圈子地不断出现，用户同质性和异质性在影响消费决策方面的作用日益重要，同时评论内容的多样性、评论情感的作用对体验型产品的影响日益突出，对此需要开展进一步的联合研究。现有研究更多是基于算法的，对基于内容相似性的商业影响方面的研究不多。在 UGC 日益流行的趋势下，评论内容特征和评论者因素在产品扩散中的作用受到了更多关注，但仍需要更多的实证研究。此外，现有研究已经深入探究了产品的 UGC 和 MGC 对其需求的影响，而对其他相关产品（如互补、替代、相似产品）在线评论对本产品需求的溢出效应研究较少。

（3）现有研究将复杂系统简单地抽象为单个网络，忽略了复杂系统中多类型关系交互的作用。复杂系统由众多个体组成，它们之间以某种或多种方式发生非线性的相互作用。这些相互作用关系使其在时间和空间上产生各种形式的关联结构，并呈现出系统的时空多尺度特征。因此，将复杂系统抽象成单个网络的研究范式无法进一步满足复杂系统研究的需要。随着移动社交媒体的快速发展，现有平台推荐系统融入了社交技术，由此形成了产品网络－用户网络双层网络嵌入环境，可提高信息连接效率、减弱"信息茧房"影响。

目前研究主要集中在单一产品推荐网络，对产品网络与用户网络叠加影响，对产品网络与用户网络交互耦合关系、演化趋势等还缺乏分析。双层网络对用户需求的影响机理是什么？双层网络是否有助于缓解"信息茧房"？双层网络是否促进了内容连接效率提升？对这些问题还有待研究。在内容平台所形成的"内容－

用户""用户-用户""内容-内容"异构网络中,通过"用户-观看""用户-评价""用户-收藏"等不同类型的双向交互边,使层与层之间产生联系,因为每层的节点具有不同的特性,所以层间的节点产生了相应的耦合效应。那么,它们对平台不同阶段的内容需求和生成的影响如何?从对产品的价值分析来看,已有文献对产品网络价值的研究局限于推荐网络中,随着用户网络的接入,用户会对不同类型的内容产生不同的反馈,从而对在线内容的生成产生了不同的影响,仅考虑推荐网络而忽略用户网络会与用户的价值感知存在差异。在单一产品推荐网络模式下,平台需求容易出现中心化特征,导致出现"马太效应",中小长尾产品容易缺少流量。在用户网络融入背景下,用户基于社交关系进行传播,每个社交节点均可以成为流量入口,平台呈现出"去中心化"特点,这也是值得研究的问题。

(4)现有研究已经深入分析了产品的 UGC 和 MGC 对本产品需求的影响,而对其他关联产品(相似、互补)需求的溢出影响研究还不充分。对不同类型产品,如短视频、图像、音频等内容产品与食品、服装、家电等搜索产品,需求溢出差异还缺乏研究。在双层网络背景下的需求溢出影响特点尚不清晰,基于推荐的产品网络有可能更多偏向相似性、同质性溢出。而由于用户兴趣多样,用户社交网络中的交流、分享过程中的需求溢出有可能更偏向多样性、差异性。因此,两种网络的不同溢出效应还缺乏比较分析。现有研究对外部热点事件冲击所形成的需求波动,在产品网络与用户网络中如何传播和扩散还有待探索。此外,随着用户社区、用户圈子的影响加大,用户偏好、评论内容特征和评论者因素在内容产品扩散中的作用引起了更多关注,但仍需要给予更多的实证研究。基于用户社交网络的 UGC 话题分布、情绪多样性等,其对平台内容生成和创作的影响还有待深入理解。

(5)已有文献对单一用户网络或产品网络结构进行了研究和挖掘,但对产品-用户双层网络结构特征、节点和链接分布,以及其包含的预测性信息挖掘尚不够。在内容平台的双层网络中,重要节点和链接对需求溢出和扩散有明显影响。节点需求通过密集的推荐产品网络和用户网络及其耦合关系,产生了放大、回声室等效应。因此,如何识别双层网络包含的有助于需求预测的节点和链接,是非常值得关注的问题。

第3章 产品-用户双层网络耦合对平台需求影响机理

在经济现象的产生与发展进程中，网络扮演着举足轻重的角色。这是由于经济主体并非孤立存在，各主体间的互动对产出有着至关重要的影响。举例来说，消费者会以不同程度嵌入各类关系网络之中；在企业内部，人际关系融洽的员工往往在组织中能取得更好的绩效，企业也常通过强化对外联系来提升自身的竞争优势。

随着电子商务的蓬勃发展，基于社交媒体的电商平台和内容平台支持用户之间的互动交流以及用户生成内容。这种模式不仅考量了产品与内容之间的关联，同时也构建起用户社交关系社区。鉴于社交元素的融入，短视频、音乐等内容平台上的创作者或发布者相互之间能够建立联系。

那么，允许创作者相互连接是否能够创造价值？若能创造价值，其内在机制又是什么？产品之间的链接关系与用户之间的连接关系会如何相互作用，又将产生怎样的影响？本章将从以下几个方面展开深入探讨。

3.1 基于产品-用户双层网络嵌入的产品价值刻画

大多数复杂网络的研究是将现实系统抽象为单个网络，然而现实世界诸多网络具有层次、聚类等结构特征，一些复杂网络通常包括多个子网络。例如：人际关系网络包括线上和线下两个部分；城市交通网络由铁路、航空等多种网络组成。同样地，一个城市的经济增长不仅取决于自身的要素投入，还受到网络效应的影响，城市群之间由交通、通信、互联网、物流构成的多层网络通过溢出效应影响了节点城市的经济增长，相互联系的城市通过规模效应、协同效应相互影响，在这一过程中，经济网络充当了溢出效应的"渠道"。目前主流经济理论和模型很少明确地考虑各类经济网络的作用。因此，基于图论工具去描述和研究各类经济网络中的关系是一个值得关注的问题。

与以往通过单一网络视角分析网络结构对用户需求影响的研究不同，本研究探讨了多级网络对产品需求的影响，构建了产品和用户社交层面的网络。从理论上分析产品-用户双层网络对在线内容的需求影响机理和效应，包括：①基于产品-用户双层网络的内容产品价值刻画；②产品网络与用户网络交互作用关系分析；③产品-用户双层网络对产品需求影响效应。

Kim（2012）研究了产品推荐网络对搜索行为的影响，认为优化链接会影响推荐的有效性，并评估了推荐网络中的节点的影响力。Lin（2017）基于产品推荐网络多样性和稳定性分析了单个节点的价值，并且发现产品之间的推荐链接会导致商品的评分差距变小。Kumar（2019）通过实证研究发现互补性推荐链接对内容产品的需求存在正向影响。然而，以往的研究局限于单一产品推荐网络中分析节点的价值，随着用户网络的接入，用户交互会影响在线内容生成，通过引入社交媒体，将产品推荐平台变为一个社会环境。用户可以在线互动和生成内容，进一步影响了用户对在线内容的探索。因此，研究在线内容产品的网络价值，不仅需要考虑产品推荐网络，还需要考虑用户网络。

推荐链接在互联网中广泛存在，如在百度 App 中，用户搜索关键字后会出现大量排序过的相关网页链接；在社交平台，用户看到一篇新闻、一条短视频时，通常会被推荐相关新闻和短视频；在电商平台，用户看到一件商品的同时也会看到更多的推荐商品。正是由于链接的存在，人们获得了更多相关辅助信息。大家可以把这种额外的相关辅助信息看作是节点所具有的网络价值（Network Value），它是由外部链接所带来的收益，类似 PageRank 算法思想（Brin 和 Page，1998）。节点除了本身包含的信息价值，还包括其外部链接关系所带来的价值。

因此，在产品网络背景下，假设产品价值包括内在价值与网络价值，其中内在价值指的是产品自身特性所带来的需求价值，而网络价值是产品受外部推荐链接及产品所属用户社交关系所带来的流量。另外，本研究在分析推荐网络的影响力时，不仅考虑了邻居节点的直接影响，而且考虑了其链接质量。多个以交互为特征的网络系统相互关联，形成一个相互连接的复杂网络，研究每个网络节点的重要性是值得关注的问题。因此，借鉴PageRank算法思想，Brin和Page（1998）和Oestreicher-Singer等（2012）的建模思路，本研究假设在互联网超链接构造的复杂网络里，信息对微观个体的效用和价值可用如下方式刻画：

信息价值（Value）= 内在价值（Inner Value）+ 网络价值（Network Value） （3-1）

内在价值指的是信息本身所包含的信息量、信息内容对决策主体的效用，包括信息降低决策不确定性、信息降低交易成本、改善预期等方面。网络价值指的是基于信息链接关系所产生的新信息量，个体通过某信息节点可以链接到更多的相关信息。由于链接关系的影响，用户搜索信息效率得到了提升。借鉴网络外部性效应思想，考虑到产品的外在价值影响，通过建立产品网络价值模型，构建产品链接网络最优化目标模型，即考虑整体产品网络关系，如何优化产品之间的链接关系，从而使网络整体的价值最大化。拟建立的理论分析模型具体如下：

$$u_i(G) = \theta v_i + \sum_{j=1}^{n} \delta d_{ij} + \gamma \text{PageRank}_i + \omega \text{Degree}_i - C \quad （3-2）$$

$u_i(G)$表示在网络G中产品节点i的网络价值；v_i表示产品节点i的内在价值；PageRank$_i$表示节点i在产品网络中的PageRank值；γ表示权重；Degree$_i$表示内容或产品节点i所属的用户在用户关系网络中的入度数；ω表示权重，表示用户节点的影响力，是众多消费者的消费行为所产生的外部性集合；θ表示个体对产品i的特定偏好从而体现产品的异质性；d_{ij}表示产品i到产品j的最短路径上边的条数。参考用户网络关系，直接的社交关系带来了物质帮助、新信息等便利，用户网络中的间接关系也带来相应的福利，例如，"朋友的朋友"会产生一定的间接福利，但比直接朋友关系带来的价值要小。随着朋友距离的增加，这种价值会不断下降。$0<\delta<1$表示i和j连接权重或j给i带来的流量贡献程度，反映了随着i和j之间的路径增加而产生的影响改变程度参数，δ随着距离增加而递减，C表示搜索产品需要耗费的成本，如所耗费的时间、精力等。

给定既有网络G和产品节点之间的链接结构和分布，则整个产品网络的全局价值（效用）函数$U(\text{Net})$定义为：

… 第 3 章 产品 – 用户双层网络耦合对平台需求影响机理

$$U(\text{Net}) = \sum_{i=1}^{n} u_i(G) \quad (3-3)$$

对于已有产品,如何建立和优化其链接关系,形成特定的链接结构,从而使产品网络整体价值实现最大化,决策参数是节点 i 和 j 之间是否建立连接,从而形成整体网络的关系结构。

为简化方便,本研究只考虑第一层连接关系,即与 i 节点直接产生连接的信息节点集合。给定既有网络 G 和信息节点之间的链接关系,即已知所有信息节点之间的全局链接关系,则整个信息节点网络的总效用函数 $U(\text{Net})$ 可以定义如下:

$$U(\text{Net}) = \sum_{i=1}^{n} u_i(G) \quad (3-4)$$

对于给定信息节点,如何建立和优化相互之间的链接关系,形成特定的链接关系结构,从而使网络所有信息节点的价值和效用最大化是需要决策的问题。因此,可以建立网络优化模型如下:

$$\text{Max} U(\text{Net}) = \text{Max} \sum_{i=1}^{n} u_i(G) = \text{Max} \sum_{i=1}^{n} (\theta v_i + \sum_{j=1}^{n} \delta d_{ij} + r - c) \quad (3-5)$$

决策参数 i 和 j 之间是否建立连接及连接的权重,进而优化全网的信息关系结构。随着经济发展,会有新的信息产生并加入原有网络中,根据梅特卡夫定律,互联网信息复杂网络的价值会随着网络规模扩大而非线性地增长。

本研究探讨运用系统论中的熵理论对产品 – 用户双层网络结构进行分析。"熵"(Entropy)的概念由德国物理学家克劳修斯于 1865 年提出,表示物理系统中能量的衰竭程度,在热力学中有广泛的应用。1948 年,香农将统计物理中熵的概念引申到通信的过程中,把通信过程中信息源信号的不确定性定义为信息熵,并给出了信息熵的计算公式:

$$S(P_1, P_2, \cdots, P_n) = \sum_{i=1}^{n} p_i \log_2 p_i \quad (3-6)$$

其中,i 表示概率空间中所有可能的样本,P_i 表示该样本出现的概率。香农通过引入熵的概念,解决了信息难以定量描述的问题。

本研究借鉴谭跃进、吴俊(2004)的思想,认为网络中具有相同度值的节点的相对数量而定义的网络结构熵,进而对双层网络中信息传递效率和秩序进行评价。在双层网络演化的初期,链接较少,网络结构不稳定,导致网络结构熵增长较快,网络增长率较快。在双层网络演化的中期，网络结构进一步趋于成熟，此时网络结构熵的增长率降低。在网络演化的成熟期，网络的结构基本稳定，网络结构熵的增长率趋于零。

3.2 产品网络与用户网络耦合关系及演化分析

3.2.1 产品网络与用户网络的耦合关系

耦合理论是指两个或两个以上的系统或运动形式之间通过相互作用和彼此影响，从而协同完成特定任务的现象。耦合这一概念源自物理学，但在现代社会中已广泛应用于多个领域，如软件工程、通信工程和数字经济等。在物理学中，耦合通常指两个实体之间的相互依赖性，这种关系可以是紧密的，也可以是松散的。例如，电子线路中的耦合电路能够将某一电路的能量输送到其他电路中去。能量传输的过程不仅体现在物理系统中，还广泛存在于各种社会系统和生态系统之中。

在复杂网络的背景下，耦合可以体现在多个层面，包括单个网络内节点之间的耦合，以及多层网络中不同层之间的相互依存性。复杂网络的研究涉及各种类型的网络模型，从随机网络到无标度网络，再到多层网络，每一种网络都有其独有的特征和应用领域。互联网、用户网络和生物网络都是复杂网络的现实例子，这些网络不仅具有大量的节点和复杂的连接模式，还展示出丰富多彩的同步和渗流现象。例如，在互联网和线下人际网络组成的双层网络中，互联网与线下接触网在结构上相互依赖，在信息传递过程中相互作用，网络规模、节点连接与交互强度会影响信息的整合与扩散，较之单层线下物理接触网，双层网络加速了信息传播速度、扩大了信息传播范围，使人们之间信息交流的渠道不断多样化。不同网络的整合运用可以产生显著的协同效应，多层耦合网络相比于传统的单一复杂网络模型，其系统拓扑结构更为复杂，且多层网络之间存在耦合交互的情况，系统的非线性特性更为突出。在电商、内容平台所形成的产品-用户、用户-用户、产品-产品多层的异构网络中，用户-购买、用户-评价、用户-收藏等不同类型的双向交互边使层与层之间产生联系，多层网络相互影响和作用产生了耦合效应，可以缩短用户查找路径，提高用户搜索效率。

3.2.2 产品网络与用户网络的演化分析

1. 产品推荐网络影响用户社交网络的形成和发展

基于推荐系统形成的产品网络，能够推动用户社交关系的建立。例如，在抖音平台上，用户若看到感兴趣的短视频内容，可能会去浏览发布者的个人主页或查看其他作品，这有可能使普通用户与创作者之间建立起联系。在网易云音乐等平台，用户可能发现其他用户撰写的有趣评论，进而浏览或者关注该用户，并进入其主页，听其所收藏的音乐。

随着用户之间互动的不断增加，用户网络逐渐形成并扩大，还会涌现出一些明星用户节点或者平台红人，这些节点往往能建立起比较广泛的连接关系，对其他用户产生比较明显的影响。例如，在知乎、抖音、微博等平台上，某些用户因其独特的内容或专业知识，成为具有影响力的节点。他们能够引起大量关注，并通过平台传播自己的观点和信息。通常情况下，活跃用户会在算法的作用下形成一种迭代循环，不断放大自身兴趣对平台群体的影响，而社交连接更强的用户，在算法作用下更容易获得向其他用户推荐的机会，从而在平台中形成更多的连接。此外，活跃用户的兴趣也更易向其他用户辐射。占主导地位的群体会对算法产生影响，而算法会优先考虑主导群体的偏好，进而放大算法反馈中活跃用户的兴趣。

随着用户网络的发展，平台氛围和偏好逐渐形成，产品也更容易在用户网络中溢出和扩散。推荐算法依据用户的兴趣进行过滤和推荐，这种机制又反作用于用户的兴趣演变，强化其社交关系，使得用户接触到的信息通常与自身兴趣较为相似。因此，相似用户群体的兴趣被放大和增强，活跃用户在推荐系统中形成迭代循环，不断放大其兴趣对其他用户的影响力。这可能导致平台上的兴趣和观点趋于同质化，而那些对算法反馈较少的用户，更容易受算法系统中"活跃用户"的影响变得与之相似。总体来看，基于推荐算法的产品网络虽然促进了用户社交关系的建立及平台偏好的形成，但是也面临"信息茧房"现象和少数过度活跃用户带来的影响等。图3-1呈现了产品网络与用户网络交互影响的各个阶段。在平台构建初期与发展期，用户社交连接不断拓展，用户网络逐步构建。随着平台发展，网络节点互动加强，呈现出用户偏好成熟、社区构建、明星用户出现、社区加速同质化与分群等特征。

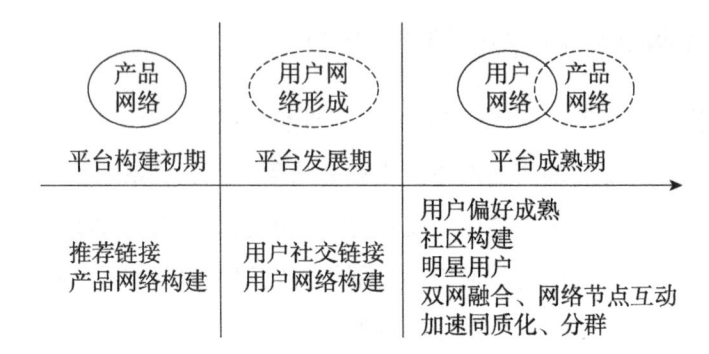

产品网络	用户网络形成	用户网络　产品网络
平台构建初期	平台发展期	平台成熟期
推荐链接 产品网络构建	用户社交链接 用户网络构建	用户偏好成熟 社区构建 明星用户 双网融合、网络节点互动 加速同质化、分群

图 3-1　平台产品网络与用户网络发展阶段

2. 用户社交网络对产品推荐网络的调节作用

产品推荐算法往往会参考用户所在社群、粉丝数量、兴趣爱好，以及点赞、收藏等行为信息来进行推荐。推荐模型也是依据这些数据构建的，并且会受到用户社交网络特征的制约，进而影响产品推荐网络的生成与拓扑结构。

在今日头条等平台，算法会先将内容推送给部分用户，进而收集相关阅读、互动等行为数据，并判断是否推荐。在抖音平台，如果节点属于明星用户，则推荐效果会被强化。内容收到的点赞、收藏数量越多则产品更容易获得推荐。因此，产品推荐算法受到用户社交网络偏好特征和结构的调节，进而影响产品推荐网络结构。用户社交规模越大、关系越紧密，所产生的数据越丰富、多样，则推荐模型训练的数据就越丰富，越有利于算法的开展。

用户在社交网络环境下，通常容易受到其他用户的影响（Julia Klier，2017）。在短视频等社交媒体上，用户之间的良好交流和互动不仅有助于发现新内容，还能促进在线内容的扩散和传播。Tarokh 等（2015）分析发现，具有较高社交地位的用户更有可能增加在线内容的浏览量和传播量，这是因为他们通常拥有更多的粉丝和关注者，他们对在线内容的传播具有更大的影响力。在用户网络结构中，处于关键性位置的用户被称为"意见领袖"，他们通常具有强大的影响力，能够有效地增加在线内容的浏览量和传播量，粉丝可以通过他们主页的链接浏览到其他内容，而这些链接又会提高整个产品网络的连接性。图 3-2、图 3-3 描述了双层网络的相互作用动态关系及影响。

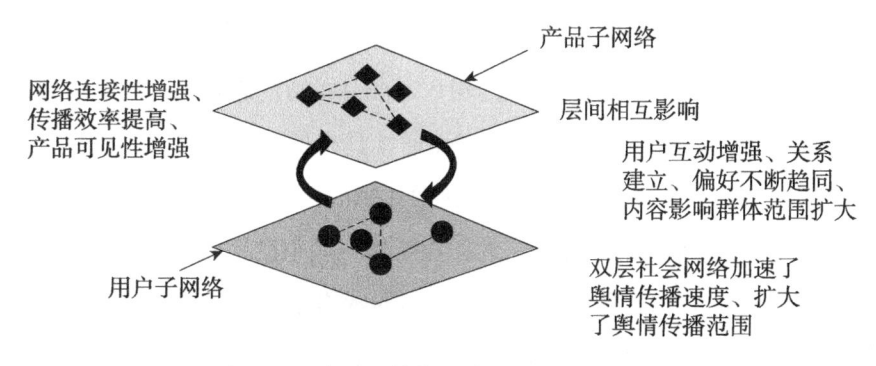

第3章 产品-用户双层网络耦合对平台需求影响机理

图3-2 产品网络与用户网络的交互关系

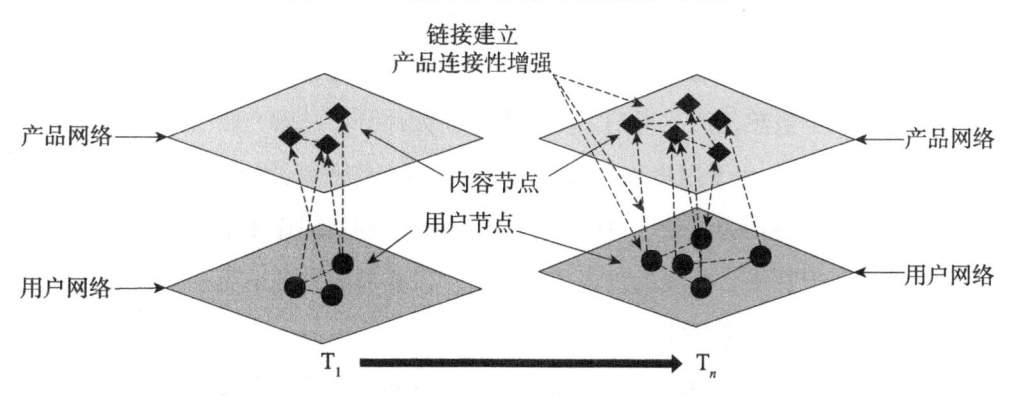

图3-3 产品-用户双层网络动态演化

3. 用户社交网络影响产品扩散

对于内容平台而言,产品推荐网络的结构影响用户浏览的内容,并进一步影响用户内容生成行为。用户社交网络不仅过滤内容,社交关系也成为重要因素,从而影响内容的生成过程。社会网络通过以下几个方面影响信息和产品的扩散。

(1)邻居从众效应:在用户网络中,个体的行为往往受到其社交邻居的影响。当一个人的社交圈中多数人采用了某一产品和内容时,这个人也更可能跟随这一趋势,从而形成从众效应,从众效应能够加速内容和产品的扩散过程。

(2)聚集效应:聚集效应指的是产品使用者在用户网络中的集中趋势。特定群体或社区中的产品使用者可以有效地促进产品在这些区域的传播,尤其是在具有共同需求和兴趣的消费者群体中聚集效应更为明显。

(3)网络中的关键角色:处于网络跨边界位置的消费者能够连接不同的社交群体,所以他们在产品传播中扮演着桥梁的角色。他们能够将产品信息传递给更广泛的受众，从而促进产品的广泛扩散。

（4）不同用户类型：不同类型的用户对产品扩散的影响也不同。例如，意见领袖或早期采纳者在推动新产品采用方面通常具有更大的影响力。他们的采用行为会鼓励其他人跟进，从而加速产品的扩散过程。

（5）网络拓扑结构影响：网络的拓扑结构，如小世界网络、无标度网络等，决定了信息和产品如何在网络中流动。不同的网络拓扑结构对于理解产品如何通过网络传播至关重要。例如，Centola（2010）的研究指出，在小世界网络中，信息的扩散速度更快，因为每个人都可以通过相对较短的路径与其他人产生连接。

从模式看，在传统电商平台模式下，用户点击行为呈现"中心化"特点。在马太效应下，少量热门产品得到大量曝光，而大部分产品曝光较少。在社交化融入推荐算法模式下，由于用户节点都可以被看作用户的入口，因此平台需求呈现"去中心化"特点，在社会互动、口碑影响和推荐算法的共同作用下，长尾商品获得了发展空间。但在平台发展的过程中，最后阶段要看哪种效应更强，即马太效应更强还是去中心化效应更强。

此外，产品网络与用户网络之间的相互影响和耦合强度会影响内容产品的扩散过程，当产品网络与用户网络耦合关系比较弱时，内容扩散速度会比较缓慢，而当两者耦合关系比较强时，内容扩散速度会较快。在平台发展初期，两种网络相互促进，内容推荐网络可以促进用户社交关系的建立，扩大用户网络的规模，更多的社交关系会产生更多的行为数据，也有利于提升推荐算法的性能。到平台发展的后期，两者存在替代竞争关系，即用户网络有可能部分替代推荐网络，随着时间发展很可能会使用户偏好更加相似，进而形成平台的特定氛围和兴趣。当用户熟悉了产品或内容后会利用社交关系主动搜索，而非靠推荐，因此用户网络会减弱产品网络导致的马太效应。

3.3 产品－用户双层网络耦合对产品需求影响机理

由于产品推荐关系，内容创作者会不断地获得新的粉丝，进而影响用户的社交关系网络，而整个社区的社交关系网络结构也会影响到内容的扩散。对于在线

第3章 产品-用户双层网络耦合对平台需求影响机理

平台而言，它们需要面向整体网络，而非针对个别产品做投入。平台可以通过管理好产品网络结构，尽可能强化产品间需求的溢出效应，以拉动整个网络的流量，而不仅仅是提高某个产品节点的流量。因此，本研究认为产品-用户双层网络影响需求的机理和作用路径以及可能的效应，如图3-4所示。

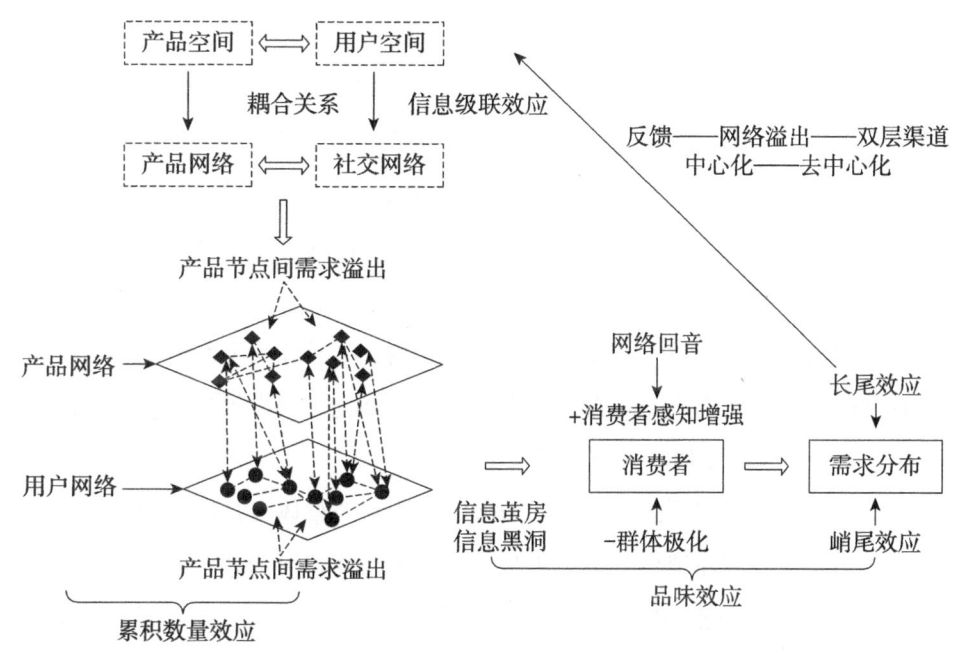

图3-4 产品-用户双层网络对平台需求影响机理

对内容平台而言，粉丝可以从创作者主页的链接浏览到其他相关内容，这些链接从整体上极大地提高了产品网络的连接性，进而提高了内容可见性。用户社交关系起到了桥梁和中介作用，用户节点使产品网络中的不同部分得以连接，从而增强了产品网络的连通性。由于用户社交关系的形成机制不同于基于算法生成的推荐链接，因此两种网络将有助于消费者快速找到内容，而双层网络会带来更有效的搜索过程，能提高推荐效率，强化需求溢出效应。由于用户层和产品层相互影响，例如用户点赞或收藏内容使得链接建立，所以产品网络中的信息传播可能触发用户网络中的信息扩散并最终导致信息级联效应。在内容平台，由于社交化创作，用户之间的分享、评论、点赞等社交互动会将内容传播范围扩大到更多的用户，形成"病毒式"传播效应。

产品-用户双层网络对用户需求最直观的效用在于"数量效应",即消费者在受到双层网络推荐后,对目标产品进行了更多的消费。在电商内容平台中,需求通过密集的推荐产品网络和用户网络产生回声室效应,增强了消费者对产品的感知,提高了用户对产品的需求,进而拉动了销售。此外,基于产品推荐链接与用户社交连接的网站平台还实现了更多的交叉销售,用户交流、分享促进了产品需求溢出,产品网络中的溢出更多偏向的是相似性/同质性溢出,而用户网络中则更接近多样性、差异性溢出。在一些电商或平台推荐实践中,整体商品网络比单个产品本身获益更多,推荐对产品网络的累积经济效应远远大于对推荐产品的经济效应。在一些情况下,推荐网络中并非最初宣传的重点产品收入占了因需求增加带来的总估计收入的90%左右。个性化推荐系统在为用户带来更精准商品的同时,也对消费者的兴趣偏好和行为造成了影响,由于算法不断地给用户推荐相似内容和产品,因此用户的兴趣或者态度被不断强化。用户的兴趣和偏好而趋于同质化,又会使爱好相似的人更容易聚集到一起。

在受到产品推荐网络的影响后,消费者作为一个整体,其消费的内容产品可能变得更为相似,因而消费者品位更加接近,关系变得更为亲密。"品味效应"的存在使内容平台可能出现两种不同的销售趋势:"峭尾现象"和"长尾现象"。"峭尾现象"是指在网络推荐系统的引导下,消费者为了降低购买的风险而更加关注热门产品,由于有一些物品永远不会对用户曝光,而供给者又需要通过用户一定程度地投入来维持生存,所以当供给者得不到足够曝光时,他们可能会选择退出市场,这是不利于推荐系统的可持续发展的。这样会导致"马太效应"的产生,即热门产品得到的关注越来越多,而冷门产品得到的关注越来越少。"长尾现象"则是指在产品推荐网络中,由于消费者选择的无限增多和推荐信息的引导作用,消费者正分裂成一个个由特殊兴趣结成的非主流部落,大规模市场正在转化成大量利基市场。虽然推荐算法使人们能更便利地接触个体感兴趣的信息,然而他们也会在不知不觉中深陷"信息茧房"的桎梏,也就是说,算法在一定程度上强化了人群的分化。

第4章 相似性产品网络需求效应研究

4.1 研究背景

面对电商平台海量的产品，消费者很难找到适合的产品，寻找产品如同大海捞针，难度日益增加。因此，各种推荐技术的出现减轻了产品的信息重复问题，过滤了大量不相关信息。推荐系统在辅助用户进行各种决策时发挥了重要作用，例如，商品推荐、音乐试听或新闻阅读推荐，在亚马逊、淘宝等网站中扮演着重要角色。大多数电子商务网站都能提供各种形式的推荐，从简单地显示最受欢迎的商品到使用复杂的数据挖掘技术提供有用的信息。在亚马逊和淘宝等电子商务网站中，协同过滤是最流行的工具，它包括基于用户的协同过滤（用于计算个体偏好兴趣的相似性）和基于物品的协同过滤（关注产品的属性特征相似）。大家通常会在电商网站上看到，产品页面有推荐购买的建议链接，如"看了该产品的用户也看过"或"购买了该产品的用户也购买过"，这些链接包含了其他相关产品的信息。"看了又看"推荐提供的是其他消费者在不同产品之间浏览行为的信息，而"买了又买"推荐提供的是其他消费者对不同产品的购买行为信息，其中"看了又看"和"买了又买"建议都是基于大量消费者行为的协同过滤推荐。

基于用户的协同过滤推荐仍面临如下问题：计算所有用户相似度非常耗时，如果用户规模巨大，则计算的时间代价太大，用户兴趣偏好的频繁变化也会加重计算代价。基于物品的协同过滤是由亚马逊在1998年发明和使用的，相关论文于2001年首次发布并获得2016年最佳时间测试奖（Sarwar et al., 2001）。基于物品的协同过滤比基于用户的过滤具有更少的错误、更小的存储空间和更少的变化性。随着图像识别技术和机器学习的快速发展，电商网站可以通过挖掘产品链接和图像，以使用更有创新性的物品协同过滤算法来提高用户的购物体验。因此，在"看了又看"和"买了又买"的推荐系统基础上，一种新的基于物品的协同过滤技术的类似产品推荐的新方法，它名为"找相似"（图4-1），广泛应用于某网等一些购物网站。针对当前推荐系统的缺点，如用户的偏好明确，却不方便比较相似产品。"找相似"的算法包括了相似产品图像特征识别和产品间的属性计算，产品之间的相似性距离计算，主要包括从产品图像中所提取出的数字特征及产品描述属性（品牌、功能、原料等）。例如，某网站采用深度学习的方法来提高"找相似"功能的准确性和速度。与其他类型推荐系统相比，基于"找相似"的产品推荐可以帮助用户在清楚自己需求时更加准确地找到产品。

图 4-1　某网站相似性产品推荐

通过相似性推荐，这种比较购物方式可以改善顾客的体验（Trijp et al., 1996；Pathak, 2010）。相似性产品之间所形成的链接网络和信息聚合可以增加产品的交叉销售机会，增强推荐产品之间的信息相关性。通过强化和显示相似产品之间的连接，"找相似"推荐系统对于实现相关产品的价值最大化起着重要作用，可使用户在浏览和搜索过程中有机会不断发现新的相关或类似产品，并最终使网站平台的用户活跃量得到增加，长尾产品也可以更充分地展现出来。相似性产品网络通过把目标消费流量重新定向，最大程度地使各种小众产品得以曝光，平衡了流量在少量热门产品与大量冷门产品之间的分配。基于这些优势，一些视频和音乐平台上也出现了相似性推荐功能。

尽管推荐系统作为市场营销工具得到了广泛应用，但基于推荐系统所形成的

第 4 章 相似性产品网络需求效应研究

产品网络,其商业价值仍然有待研究。与用户网络类似,可以使用商品节点和产品之间的链接创建产品网络,所形成的产品网络要依赖推荐系统的具体推荐规则。在产品网络中,每个产品都是节点,节点之间的边由推荐系统生成的产品推荐链接来表示。通过推荐所形成的产品网络会显著地影响销售,越来越多的电商卖家在频繁地使用它。虽然用户网络受到了许多领域研究者的广泛关注,但是有关产品网络的文献却相对较少。基于不同推荐机制所形成的各种类型的产品网络越来越受到研究者和实践者的关注,并且很少有文献研究其经济影响。因此,在线平台上的产品在产品网络中的位置,就类似实体商店中的虚拟"货架",位置不同其实际需求也不同。此外,产品之间由于互相连接所构成的不同结构,在影响产品需求的方面也发挥着重要作用。例如,Oestreicher-Singer 和 Sundararajan(2012)基于亚马逊的共同购买数据,分析了共买产品网络对产品需求的影响机制。之前,已经有部分研究分析了"看了又看""买了又买"所形成的产品网络对需求的影响。尽管这些对产品网络的研究已经分析了共看网络和共买网络的影响,但是产品相似性网络的重要作用尚未得到相关研究。与基于用户选择的共看推荐和共买推荐不同(Oestreicher-Singer et al.,2013;Lin et al.,2017),本研究是基于物品协同过滤相似性产品推荐而进行研究的。大多数关于相似性产品网络的研究主要集中在数据挖掘技术和算法上。此外,研究人员已经深入研究了产品的 UGC 和 MGC 对本产品需求的影响,但其他相关类似产品的在线评论对本产品需求的溢出效应缺乏研究。因此,本研究决定研究消费者的购买决策如何受到相似产品的评论影响。

基于相似性理论,本研究进一步比较和研究了 UGC 和 MGC 在相似性产品网络中的溢出效应,研究问题如下。

(1)在相似性产品网络的环境中,产品的需求是否受到 UGC 和 MGC 语义相似性的影响?

(2)这些影响在搜索产品和体验产品上是否不同?

(3)相似性产品网络的网络特征属性是如何影响产品需求的?这种类型的产品网络是否存在经济价值?相似产品之间链接关系的商业价值是什么?

为了回答这些问题并填补已有文献的空白，首先，本研究通过挖掘来自某电商网站的产品推荐链接来构建相似性网络，并分析该网络的特征；其次，本研究探索语义相似性，并分析相似产品评论及相似产品描述对需求的溢出效应；再次，从社会网络的角度出发，通过分析产品的度数和网络中心势来分析产品入度网络的需求效应；最后，研究了搜索型和体验型等不同类型产品的差异化影响。

本研究与 Kwark 等（2016）不同，他们主要使用来自基于用户协调过滤的"看了又看"和"买了又买"的产品的数据，本研究使用基于物品相似的"找相似"推荐引擎来构建相似性产品网络。因此，本研究重点关注基于物品相似的产品推荐引擎所产生的需求效应。流行网站通常使用基于内容的图像检索（CBIR）或基于语义的图像检索方法来推荐与用户相类似的图片。在本研究中，该网站从产品图像中提取图像的颜色直方图、图形布局和其他特征，并利用感知哈希算法生成这些特征的指纹。在结合产品的名称、品牌、功能和类别原料等文本信息属性的基础上，根据不同指纹的相似度计算图像之间的相似度。相似性推荐机制强化了相似产品的内在关系，并提高了新产品在网络中的可视性。从相似性产品网络的角度出发，本研究旨在探究产品网络的特征与属性对产品需求的影响。

此外，基于上述文献综述，我们发现虽然已经有文献研究了产品评论的直接影响，但是对相关产品的影响尚未得到较多研究。不同于 Kwark 等（2016）使用相关产品的评论分值，本研究主要是在相似性产品网络的基础上分析产品评论的文本相似性的溢出效应。具体而言，本研究运用文本挖掘方法，分析了相似性产品网络所推荐产品的 UGC 和 MGC 的语义相似性，并比较了 UGC 和 MGC 对产品需求的不同溢出作用。与以往的研究不同的是，本研究重点分析了产品相似性链接的商业价值，并区分了 UGC 和 MGC 在不同产品类型中的溢出影响。

4.2 研究模型与假设

基于上述理论，本研究提出了一个研究模型，如图 4-2 所示。通过借鉴 PageRank 算法（Brin 和 Page，1998）的思想来构建产品网络，并收集产品的入度链接。基于图论理论，通过考虑两个方面的因素来量化相似性链接的商业价值：一个是与产品直接联系的链接数量,以捕捉网络的局部影响(假设 H5),另一个是测量整体结构的网络中心势,以捕捉网络的全局影响(假设 H6)。为了分析 UGC 和 MGC 的溢出效应,本研究提出了假设 H1、H2 和 H3。根据经济学理论,本研究还提出了假设 H4 来检验相似产品的交叉价格效应。为了使结果更加稳健,本研究又提出了两个计量经济学模型:混合横截面和一阶差分模型,分别检验这些影响。

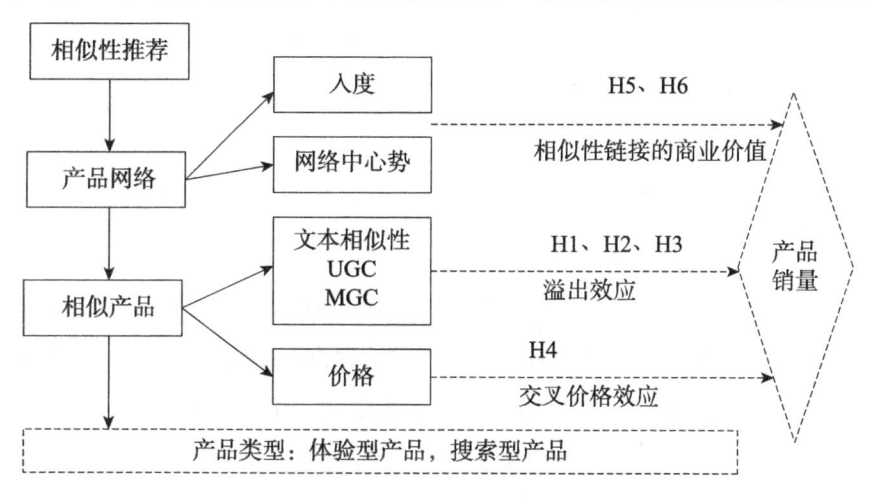

图 4-2 研究模型

4.2.1 MGC 和 UGC 对搜索产品和体验产品的溢出效应

现有文献研究了评论与需求的关系。例如,在线评论对图书销量有显著影响(Chevalier 和 Mayzlin,2006)。Cui(2010)提出了 DVD、游戏和消费类电子产品等各种产品的销量都会受评论的正向影响。通过挖掘在线评论内容,Ghose 和 Ipeirotis(2011)的分析表明评论的主观性、信息量、可读性和语言风格的正确性会影响销量和评论的感知有用性。对于相似性产品,在线评论的效果可能相反。通常推广一种产品会降低替代产品的需求(Mulhern 和 Leone,1991)。Kwark 等(2016)分析了相关产品评论对本产品销售的溢出效应,他们发现替代产品评论中的评论分值具有负面溢出效应。一般而言,相似产品之间的关系通常是替代性的。消费者的评论代表了其意见和某种程度上的产品内在质量信号。相似产品评论的语义相似性在某种程度上代表了产品之间的可替代程度。因为在网页中相似产品之间相互关联，通常被一起浏览，因此它们之间会相互影响。通过对比用户评论，消费者更有可能发现价格和质量上有吸引力的产品。本研究希望挖掘文本内容来分析相似产品评论的语义相似性，并研究其对产品销售的影响。为了捕捉所有直接相连的相似产品的整体效果，本研究计算了研究产品的评论与所有直接相连的相似产品的评论之间的平均相似性。基于此，假设如下。

H1：来自相似性产品网络的相似产品评论（UGC）的平均文本相似性对研究产品的销量有负向影响。

在本研究中，与消费者生成的内容（UGC）相比，卖家生成的内容被定义为营销人员生成的内容（MGC），包括产品描述、产品名称和原料等信息。产品的用途功能相同的话，替代性产品就可以被看作相似产品（Ratneshwar 和 Shocker，1991）。如上所述，产品之间功能属性等描述的相似性越大，则相互替代性越高。Parke 等（1997）的分析表明，消费者通常会从分析产品的功能入手来判断新产品与已知品牌之间的相似性。为了判断公司的相似性，Hoberg 和 Phillips（2010）构建了一个基于产品描述的文本挖掘的产品相似性度量方法。此外，Shi 等（2016）提出了一种新的数据分析方法，通过分析非结构化文本内容来评价企业之间业务的相似程度。通过对美国电视节目历史数据的分析，Khessina 和 Reis（2016）预测，新产品名称与行业中已有产品名称的相似性会影响其生存概率。为了分析所有直接连接的相似产品的整体效果，本研究计算了所研究产品和所有直接相连的相似产品之间的产品描述的平均相似度。在本研究中，我们假设当产品之间的描述特征更相似时，其替代效应会更强。基于此，假设如下。

H2：相似产品描述（MGC）与产品相似网络中产品描述的平均相似性对产品的销量有负向影响。

对于体验型产品而言，产品质量通常是在被消费者购买后才能观察到，例如服装、食品、音乐、图书等，消费者通常需要在有风险的情况下做出购买决定。因此，消费者更需要借助 UGC 和 MGC 来推断产品价值并做出购买决策。相比之下，对于搜索型产品，其内在价值和产品质量在消费前相对容易确定，潜在消费者不一定需要先观察买家的评论（Nelson，1970）。产品评论在帮助用户了解产品质量方面的作用有所减弱。由于 MGC 由营销人员生成，所以它包括了影响消费者购买的营销和广告信息（Scholz et al., 2013, Wan F, & Ren, 2017）。对于搜索商品，更详细和明确的MGC信息解决比UGC更有用，例如，MGC包含退货信息，更有助于降低感知购买风险（Scholz et al., 2013）。基于此，假设如下。

H3：相似产品描述（MGC）的替代效应比搜索商品的相似产品评论（UGC）更强，而对于体验产品相似产品评论（UGC）的替代效应比相似产品描述（MGC）更强。

4.2.2　相似产品的交叉价格影响

根据经济学理论，交叉价格弹性分析了一种商品价格变化对与之有关联的另一种商品需求的影响。它可以代表产品间的可替代性/互补性的程度。Mulhern和Leone（1991）的分析表明，推广一种产品可以提高互补产品的销量，同时降低替代产品的销量。Russell和Petersen（2000）也发现替代型产品具有正向的交叉价格弹性，而互补产品具有负向的交叉价格弹性，这与理论上的分析相一致。Grace等（2014）分析了电子烟和烟草的交叉价格弹性，并发现电子烟可能替代普通卷烟。尽管该领域有许多学术研究，但考虑到产品网络背景的研究很有限。本研究考察了相似产品的最低价格如何影响研究产品的需求，特别是在相似性网络的背景下。由于更低的价格会使替代品的效果更强，选择最低价格来测试效果。基于此，假设如下。

H4：相似性产品网络中的最低价格对相似产品的销量有正向作用。

4.2.3　相似性产品网络的商业价值

基于营销理论中有关产品类型多样化的分析，产品类型的多样化在消费者偏好不确定时可以帮助消费者优化选择从而提供商业价值（Reibstein et al., 1975）。在电子商务网站中，基于推荐链接形成的产品网络使用户可以在产品空间浏览多样化的产品，从而增强购物体验。在本研究中，对于每种产品，我们区分了两种流量来源：一种是来源于自身的产品功能和品牌等带来的流量；另一种是从其他相似产品中的链接推荐而导入的流量。这种推荐链接，通常出现在产品的详细页面里，通过推荐链接从而把产品相互关联起来，进而在电子商务平台上创建互联的产品网络。通过产品网络，提高了相似产品的可见性，从而使产品曝光的可能性增大，并提高了产品页面的流量。Fleder 和 Hosanagar（2011）表明，推荐链接可以提高用户对商品的认知，并帮助其发现更加匹配的商品。Stephen 和 Toubia（2010）也指出，由于提高了产品的曝光率，来自其他供应商的推荐链接可能会增加产品销售的概率，由于广告效应，推荐链接在提高产品的可见性方面起着非常重要的作用。如果产品里来自其他相似产品的推荐链接越多，那么该产品的中心性越高，该产品被曝光的机会就越多，该产品的流量加大和销售增加的概率就越大。在产品网络中，更大的中心性意味着产品可能会被购买或与其他相似产品一起被浏览的机会更多，也表明了该产品在相似性产品网络中对其他产品的替代性越大。因此，本研究假设产品的入度数越大，则产品的流量越多。基于此，假设如下。

H5：相似网络中产品的入度数与产品的需求正相关。

在图论中，网络中心势用于衡量整个网络分布的趋势，用来测量整个网络结构的集中程度，它分析所有节点中心性的得分来估计整体的分散程度（Sinclair，2009）。Merida-Campos 和 Willmott（2007）分析了用户网络结构会影响创新的传播，其中的"信息中介人"会影响信息传递，从而导致不同的绩效（Schilling 和 Phelps，2007）。在经济学和管理学领域，整个网络的集中情况具有特定的意义。扁平等级或网络中的成员可以快速接触他人的能力会影响组织的危机管理（Krackhardt 和 Stern，1988）。有研究发现过于集中的网络结构与团队绩效呈负相关（Cummings 和 Cross，2003）。Grund（2012）指出，以更低集中度为特征的成员网络会使团队绩效更高、团队表现更好，而网络集中化的增加会导致团队绩效下降。扁平的组织网络使得权力下放，这样使团队可以灵活地提供更多及时的信息，并减少对特定"中心"个人的依赖。基于上面的分析，假设网络中心势越大，则产品网络越集中，则会使得产品的平均可见度降低，少量产品的曝光度高，而大量长尾和冷门产品的曝光率低，从而减少整个产品大类的总需求。基于此，假设如下。

H6：相似产品的网络中心势与产品的销量负相关。

4.3 研究方法

4.3.1 相似性产品网络构建

本研究提出了构建相似性产品网络的过程，如图 4-3 所示。本研究从某电子商务平台获取数据，该平台使用基于相似性的推荐系统以提供相似产品推荐。

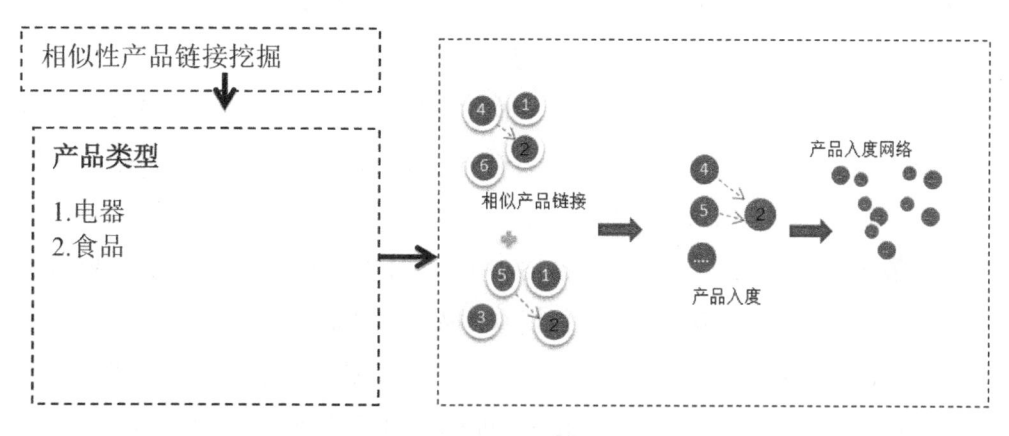

图 4-3 相似性产品网络构建

对于每个产品，相似性推荐系统可以识别并推荐出相似的产品组合。这些在产品页面上的相似的推荐链接共同构成了所有产品的相似性网络。构建相似网络的详细过程如表 4-1 所示。

表 4-1 产品相似网络构建步骤

步骤	操作内容
1	确定商品类别
2	在某网上搜索产品的关键字
3	从搜索结果页面列表中抓取详细产品页面
4	获取相似产品页面的详细信息
5	基于链接关系，构建入度网络
6	提取每个产品的评论和描述信息
7	计算产品和相似产品的语义相似度
8	分析相似产品的溢出效应

从关键字搜索列表页面开始，并从相似产品的链接按顺序收集产品页面信息，本研究使用基于 Java 的爬虫在 2018 年 5 月 28 日到 2018 年 7 月 28 日收集到了月度数据。在每个页面，爬虫收集页面上的文本信息和相似产品链接。数据包括月度销售额、评论量、价格、评论文本，以及相似产品页面上的详细产品信息。为了创建相似性产品网络，本研究分析了产品节点及它们之间的连接关系，根据不同的产品类型（搜索型产品和体验型产品），把数据集分为两类：电器、食品。电器分类包括酸奶机和咖啡机，食品分类包括牛肉干和咖啡。

对于每个产品类别的相似性网络，本研究构建如下相关变量。因变量是产品的月销售额。自变量是 review、cos_simi_rev、cos_simi_descrip、indegree、low_simi_pri、net_centralization，产品评论数量和产品类型为控制变量。表 4-2 列出了变量的描述，表 4-3 描述了变量的描述性统计。在电子商务中，产品网络链接是有方向的，每个产品都有一组从其他相似商品导入的推荐链接，以及从它自身导出的相似性推荐链接。在该平台中，每个产品的相似性出度链接是固定的，而入度链接则会有变化。因此，本研究重点分析入度网络对需求的影响效果。

表 4-2　变量定义

变量	变量描述	变量	变量描述
sales	产品的月销售额 / 元	low_simi_pri	相似产品的最低价格 / 元
review	产品的评论数量 / 个	indegree	产品的入度
cos_simi_rev	产品与所有相似产品评论之间的文本相似性 /%	net_centralization	相似性产品网络的网络中心势
		cos_simi_descrip	产品与所有相似产品之间产品描述的文本相似性 /%

表 4-3　描述性统计

变量名	总体样本				2018 年 5 月 28 日		2018 年 7 月 28 日	
	均值	标准差	最小值	最大值	均值	标准差	均值	标准差
sales	112.69	472.56	1	28675	92.25	300.03	124.45	547.43
review	708.28	4030.95	0	148640	703.41	3708.4	711.08	4205.6
cos_simi_rev	33.46	7.66	1.30	82.55	33.57	7.58	33.41	7.71

续表

总体样本					2018年5月28日		2018年7月28日	
变量名	均值	标准差	最小值	最大值	均值	标准差	均值	标准差
cos_simi_descrip	38.79	10.41	8.55	88.63	38.21	9.73	39.13	10.76
indegree	10.12	14.13	0	215	11.35	14.19	9.41	14.05
low_simi_pri	124.23	471.15	0.2	10000	76.59	137.01	151.65	580.45
net_centralization	5.02	1.91	2.49	7.5	5.19	2.24	4.92	1.69
样本数量	10894				3980		6914	

4.3.2 评论相似计算

分析文本内容的 TF-IDF 方法经常用于信息检索和文本挖掘。TF-IDF 用于衡量评论中每个单词的重要性，TF 计算一个单词在文章中的频率，而 IDF 计算该词在所有的文档集合中的重要性。一个单词的重要性与它在某个文档中的频率成正比，但与它在所有的文档集合中的频率成反比。通常，低频词是相对不重要的词。Sparck Jones（1972）首先在关于关键词的统计解释及其在目录检索的应用中提出了 IDF 的概念，讨论了 TF/IDF 在信息检索中的应用，并提出了一些应用的模型。对于文档 D_j 中的单词 T_i，TF_{ij} 表示如下：

$$\text{TF}_{ij} = \frac{N_{ij}}{\sum_k N_{kj}} \quad (4-1)$$

其中，N_{ij} 是文档 D_j 中单词 T_i 的出现次数，$\sum_k N_{kj}$ 是所有文档中单词 T_i 出现的次数：

$$\text{IDF}_j = \log\left(\frac{W}{\sum_j W_j}\right) \quad (4-2)$$

$$\text{TF} - \text{IDF} = \text{TF}_{ij} \times \text{IDF}_j \quad (4-3)$$

其中，W 是所有文档的数量，W_j 是包括单词 j 的文档数量。余弦公式可以用于测量句子之间的相似程度，余弦夹角越接近零则句子越相似。给出产品评论的两个句子A、B，A、B都是n维向量，使得[A₁，A₂，…，Aₙ]，[B₁，B₂，…，Bₙ]。为了判断两个句子的相关性，可以用下面的公式计算余弦值：

$$\cos\theta = \frac{\sum_i (A_i \times B_i)}{\sqrt{\sum_i (A_i)^2} \times \sqrt{\sum_i (B_i)^2}} \quad (4-4)$$

其中，A_i和B_i代表的是关键词的词频。本研究使用一种名为Ansj的开源分词工具进行中文分词，该工具的分词基于字典。在本研究的分析中，每个产品评论被Ansj分割成n个小块，可以将其视为n维向量，计算步骤如表4-4所示。

表4-4 评论句子相似性的计算步骤

步骤	操作内容
1	使用TF-IDF算法查找评论的关键词，根据TF-IDF值进行降序排序，然后取排在最前面的几个关键词
2	将每个评论中所提取的关键词合并到一个集合中，并计算每个评论中的词汇对于该集合中单词的频率
3	生成两个评论句子的词频向量
4	计算两个词频向量的余弦值，值越大，则句子之间越相似

4.3.3 计量经济模型

为了检验上述五个假设，本研究采用两个计量经济模型，包括混合横截面模型（1）和一阶差分模型（2）。在混合横截面模型中，本研究加总了所有样本，包括2018年5月28日和2018年7月28日的数据，所有变量都采用对数形式：

$$\begin{aligned} sale_{it} = & a + \beta_1 review_{it} + \beta_2 low\_simi\_price_{it} + \beta_3 \cos\_simi\_review_{it} + \\ & \beta_4 \cos\_simi\_descrip_{it} + \beta_5 indegree_{it} + \beta_6 net\_centralization_{it} + U_i \end{aligned} \quad (4-5)$$

相对于横截面分析，本研究同时使用一阶差分模型，它可以消除未观察到的产品的内在因素的影响，如产品质量等。通过对一阶差分模型进行分析，本研究可以得到更稳健的估计。在一阶差分模型中，我们使用2018年7月的数据减去2018年5月的数据来构造差分：

$$sale_{i2} - sale_{i1} = a + \beta_1(review_{i2} - review_{i1}) + \beta_2(low\_simi\_price_{i2} - low\_simi\_price_{i1}) + \beta_3(cos\_simi\_review_{i2} - cos\_simi\_review_{i1}) + \beta_4(cos\_simi\_descrip_{i2} - cos\_simi\_descrip_{i1}) + \beta_5(indegree_{i2} - indegree_{i1}) + \beta_6(net\_centralization_{i2} - net\_centralization_{i1})$$ （4-6）

一阶差分模型转换如下：

$$\Delta sale_i = \beta_1 \Delta review_i + \beta_2 \Delta low\_simi\_price_i + \beta_3 \Delta cos\_simi\_review_i + \beta_4 \Delta cos\_simi\_descrip_i + \beta_5 \Delta indegree_i + \beta_6 \Delta net\_centralization_i$$ （4-7）

4.4 实证结果

第一，本研究分析了相似产品评论的溢出效应。由于在属性和功能上的相似，相似产品彼此之间的替代性会受到相似性的影响。因为产品评论涉及产品的属性（质量、性能、外观、特征等），所以，产品评论的相似性在某种程度上代表了用户眼中的产品之间的相似性。在混合横截面模型（表 4-5 的 Eq_2、Eq_3）中，我们给出了咖啡和牛肉干这两个类别的估计结果。咖啡和牛肉干中 cos_simi_review 的系数分别为 -0.199 和 -0.146，均为负数且具有显著的统计意义。在一阶差分模型（表 4-6 的 Eq_3、Eq_4）中，咖啡和牛肉干的 cos_simi_review 系数分别为 -0.74 和 -0.449，也均为负数。这意味着估计的结果在混合截面和差分方程中是一致的，在控制了看不见的因素后，相似产品评论的文本相似性对需求产生了显著的负作用。在电器类别方面，在混合横截面方程中（表 4-5 中的 Eq_4、Eq_5），咖啡机的 cos_simi_review 系数为负且显著（-0.275），在差分方程中其系数（表 4-6，Eq_6）也是负的并且统计意义显著（-1.25）。在混合横截面方程中（表 4-5，Eq_5）酸奶机的 cos_simi_review 系数是负的并且显著（-0.47），而在差分方程中（表 4-6，Eq_7）其系数也是负的（-0.68）。总体来看，上述结论在所有类别的产品中都支持假设 H1。

第二，本研究考虑相似产品描述的语义相似性。当产品用途、功能相似时，它们之间存在替代性。在比较不同商品时，消费者总是根据其用途、功能、品牌、产地等特征来判断其相似性。在食品类别方面，在混合横截面方程中咖啡和牛肉干的 cos_simi_descrip 系数分别为 -0.096 和 -0.313（表 4-5 中的 Eq_2、Eq_3），在差分方程中其系数分别为 0.75 和 –0.773（表 4-6 中的 Eq_3、Eq_4）。这可以看到咖啡系数方向在两个模型中并不一致，而牛肉干系数的方向在两个模型中是一致的。在电器类别中，我们发现两个模型中的系数都是负的且统计性显著。在混合横截面方程中咖啡机的 cos_simi_descrip 系数为 –0.51（表 4-5 的 Eq_4），在差分方程中其系数为 –0.52（表 4-6 的 Eq_6）；在混合横截面方程中酸奶机的 cos_simi_descrip 系数是 –0.86（表 4-5 的 Eq_5），在差分方程中其系数为 –0.9（表 4-6 的 Eq_7）。除了咖啡这个类别，假设 H2 在所有类别中都得到支持。一个可能的原因是，对于咖啡这样的快速消费型商品，产品描述对消费者的购买行为的影响要小于其品牌。

第三，消费者经常会从各个维度的文本内容中寻求更加多样化的产品信息（Chevalier 和 Mayzlin，2006），以尽量减少其决策的不确定性。因此，消费者在消费决策时会同时受到先前消费者（以 UGC 的形式表现）和营销人员（以 MGC 的形式表现）的生产内容的影响并做出决定。对于搜索型产品，潜在消费者在获得更多产品描述信息时相对容易了解质量（Nelson，1970）。由于其说服力的信息价值，MGC 可以提高消费者的购买倾向（Goh et al.，2013；Lin 和 Goh，2011）。当前日益流行的移动电商网站通过内容营销，如基于专业的视频、图片等多媒体内容来吸引消费者关注。对于酸奶机，cos_simi_descrip 系数在两个模型中均大于 cos_simi_review 系数，而对于咖啡机，cos_simi_descrip 系数则仅在混合横截面方程中大于 cos_simi_review 系数。对于体验型产品，消费者拥有的信息通常不完整。因此，他们需要来自 UGC 所包含的更丰富的产品信息，其中包含直接的使用体验和产品感知，所以体验型产品更能受到 UGC 和 MGC 的双层影响。在咖啡和牛肉干这两个类别中，cos_simi_review 系数并不总是大于 cos_simi_descrip 系数。总的来说，这些结论部分支持假设 H3。

表 4-5 混合横截面模型

	因变量：$sale_{it}$				
解释变量	所有产品	咖啡	牛肉干	咖啡机	酸奶机
方程	Eq_1	Eq_2	Eq_3	Eq_4	Eq_5
C	1.38** （0.189）	0.67 （0.53）	6.76*** （0.55）	2.7* （0.652）	6.14*** （1.17）

续表

解释变量	所有产品	咖啡	牛肉干	咖啡机	酸奶机
方程	Eq_1	Eq_2	Eq_3	Eq_4	Eq_5
$review_{it}$	0.525*** (0.0096)	0.528*** (0.02)	0.356** (0.015)	0.824*** (0.028)	0.2** (0.026)
$low\_simi\_price_{it}$	−0.051*** (0.0088)	0.12** (0.025)	−0.084* (0.021)	−0.061* (0.022)	0.08* (0.046)
$cos\_simi\_review_{it}$	0.021* (0.047)	−0.199* (0.11)	−0.146* (0.1)	−0.275** (0.116)	−0.47* (0.286)
$cos\_simi\_descrip_{it}$	−0.337*** (0.036)	−0.096** (0.058)	−0.313*** (0.062)	−0.51*** (0.123)	−0.86*** (0.118)
$indegree_{it}$	0.389*** (0.012)	0.637*** (0.024)	0.715*** (0.024)	0.09*** (0.031)	0.859*** (0.03)
$net\_centralization_{it}$	−0.03* (0.215)	−0.475* (0.278)	−2.19*** (0.195)	−0.771*** (0.174)	−0.9*** (0.236)
R-squared	0.602	0.664	0.547	0.496	0.63
observations	7047	2033	2816	1400	698

因变量：$sale_{it}$

注：*$p<0.1$，**$p<0.05$，***$p<0.01$，括号内是稳健性标准误差。

第四，在经济学理论中，替代产品具有正的交叉价格弹性。因此，我们研究相似产品中的最低价格是否具有相应的替代作用。在表4-5的Eq_4、Eq_5中，我们发现在咖啡机和酸奶机的两个类别的low_simi_price系数分别为-0.061和0.08。而在表4-6的Eq_6、Eq_7中其系数分别为0.0013和0.085。由此可以看到，酸奶机的估计系数方向在两个模型中是一致的。这些发现与经济学中使用交叉价格弹性的替代品的定义一致，而在咖啡机和牛肉干这两个类别中，结果表明两个模型中的系数不一致。因此，假设H4仅在酸奶机中得到支持。

表4-6 一阶差分模型

解释变量	所有产品	食品	咖啡	牛肉干	电器	咖啡机	酸奶机
方程	Eq_1	Eq_2	Eq_3	Eq_4	Eq_5	Eq_6	Eq_7
C	7.19*** (2.28)	11.6* (4.865)	−42.2** (3.68)	−7.3*** (1.59)	16.62** (3.62)	9.72* (6.71)	9.6*** (3)

因变量：$\Delta sale_{it}$

续表

解释变量	所有产品	食品	咖啡	牛肉干	电器	咖啡机	酸奶机
方程	Eq_1	Eq_2	Eq_3	Eq_4	Eq_5	Eq_6	Eq_7
$\Delta review_i$	0.12*** (0.014)	0.018* (0.0098)	−0.034* (0.012)	0.065** (0.035)	0.096*** (0.013)	0.147*** (0.021)	0.03*** (0.008)
$\Delta low\_simi\_price_i$	0.0005*** (0.0003)	0.29* (0.171)	−0.159* (0.961)	0.19 (0.184)	0.0009 (0.0002)	0.0013* (0.001)	0.085* (0.06)
$\Delta cos\_simi\_review_i$	−0.138** (0.0003)	−0.013 (0.171)	−0.74** (0.401)	−0.449* (0.294)	−0.11* (0.065)	−1.25*** (0.364)	−0.68 (0.41)
$\Delta cos\_simi\_descrip_i$	−0.208** (0.045)	−0.66*** (0.23)	0.75 (1.246)	−0.773* (0.401)	−0.202*** (0.045)	−0.52* (0.313)	−0.9*** (0.29)
$\Delta indegree_i$	1.28*** (0.112)	1.52*** (0.523)	1.44*** (0.485)	3.27*** (0.503)	1.32*** (0.126)	3.01*** (0.783)	3.81*** (0.6)
$\Delta net\_centralization_i$	−2.58* (1.62)	−6.6* (4.66)			−7.63*** (2.28)		
R-squared	0.289	0.107	0.095	0.118	0.427	0.479	0.58
observation	1823	837	292	699	1w000	751	483

因变量：$\Delta sale_{it}$

注：*$p<0.1$，**$p<0.05$，***$p<0.01$，括号内是稳健性标准误差。

此外，产品可见性是指当用户从其他引用页面过来时，可能会看见该产品页面的概率。来自其他产品的推荐链接越多，则产品的可见性越高，产品可见性上升会引发更多的页面浏览量。Fleder 和 Hosanagar（2009）分析，推荐的作用机制包括两个效应：意识效应（Awareness Effect，推荐可以提高消费者对新产品的认知）和凸极效应（Saliency Effect，即使消费者知道了该产品，推荐也可以提高购买的概率）。从回归结果中可以看到所有类别都支持假设 H5，并且所有类别中的 indegree 系数都是正数，估计的符号方向是一致的：在表 4-5 的 Eq_2 中，咖啡的 indegree 系数是 0.637，在表 4-6 的 Eq_3 中，咖啡的 indegree 系数是 1.44。牛肉干的 indegree 系数分别为 0.715 和 3.27（表 4-5 的 Eq_3，表 4-6 的 Eq_4），咖啡机的 indegree 系数分别为 0.09 和 3.01（表 4-5 的 Eq_4，表 4-6 的 Eq_6），酸奶机的 indegree 系数分别为 0.859 和 3.81（表 4-5 的 Eq_5，表 4-6 的 Eq_7）。这些结果表明，产品相似网络中的入度具有需求效应，而较大的入度数则会使需求得以增加。

第五，已有的研究表明复杂网络的结构会影响传播和扩散。在表 4-5 和表 4-6 的结果中，我们可以看到 net_centralization 系数在所有类别中都是显著的和负的。在食品和电器类别中，估计的系数在前后模型中是保持一致的。在图论中，网络节点越集中，连接到少量热门节点的链接就越多。网络中心势表示整体围绕其少量中心点的紧密程度。例如，Mooney 和 Roy（2000）认为，推荐链接可能只会强化已经流行的产品的地位而对大量的冷门产品作用不大。Fleder 等（2009）认为普通的推荐机制不能推荐历史数据有限的长尾产品，这样会推荐历史数据丰富的热门流行的产品，使流量的分布形成"富者越富"的结果。因此，网络的集中化程度可能产生推荐偏差，从而降低了消费者与产品之间的匹配效率。从估计结果来看，我们可以观察到网络的中心势会降低产品的需求（宋艳等，2024）。

大多数类别的商品都支持上述假设，如表 4-7 所示。为了评估此研究结果的稳健性，需要考虑产品的差异性。在估计中，我们使用稳健性值 t 统计来处理异方差等问题。在 STATA 中采用稳健性估计时，我们列出了稳健性标准误差（表 4-5 和表 4-6 中的系数下面圆括号中的数值）。在表 4-8 的 VIF 检验中可以看出，没有严重的共线性影响。

表 4-7　假设结论

假设	咖啡	牛肉干	咖啡机	酸奶机
H1	支持	支持	支持	支持
H2	部分支持	支持	支持	支持
H3	部分支持			
H4	部分支持	部分支持	不支持	支持
H5	支持	支持	支持	支持
H6	支持	支持	支持	支持

表 4-8 VIF 检验

混合横截面模型方程	平均 VIF	最大 VIF	一阶差分模型方程	平均 VIF	最大 VIF
Eq_1	1.39	2.13	Eq_1	1.15	1.27
Eq_2	1.16	1.42	Eq_2	1.32	1.1
Eq_3	1.14	1.32	Eq_3	1.06	1.14
Eq_4	1.48	1.91	Eq_4	1.01	1.02
Eq_5	1.13	1.22	Eq_5	1.26	1.4
			Eq_6	1.24	1.4
			Eq_7	1.2	1.27

4.5 稳健性检验

研究结果是否在其他产品类别中也有同样的表现,本研究从另外一个时间段(2018 年 8 月 28 日至 2018 年 10 月 28 日)收集了另外两个类别(巧克力和护肤品)的数据。研究发现,其结果与之前的研究是一致的,如表 4-9 和表 4-10 所示。

表 4-9 混合横截面模型

因变量：$sale_{it}$			
解释变量	所有产品	巧克力	护肤品
方程	Eq_1	Eq_2	Eq_3
C	2.7***（0.16）	1.39**（0.27）	2.2*（0.27）
$review_{it}$	0.49***（0.008）	0.55*（0.017）	0.58***（0.015）
$low\_simi\_price_{it}$	-0.082*（0.007）	-0.084*（0.021）	0.032（0.02）
$cos\_simi\_review_{it}$	-0.05***（0.02）	-0.02*（0.03）	-0.03*（0.03）
$cos\_simi\_descrip_{it}$	-0.64***（0.38）	-0.45***（0.06）	-0.41*（0.062）
$indegree_{it}$	0.639***（0.013）	0.64***（0.03）	0.52***（0.01）
$net\_centralization_{it}$	-0.47***（0.07）	-0.079*（0.07）	-0.55***（0.062）
R-squared	0.61	0.563	0.69
observations	3918	990	2928

注：* $p<0.1$，** $p<0.05$，*** $p<0.01$，括号内是稳健性标准误差。

表 4-10　一阶差分模型

因变量：$\Delta review_i$			
解释变量	所有产品	巧克力	护肤品
方程	Eq_1	Eq_2	Eq_3
C	-7.19***（0.94）	-55.6***（8.7）	-0.05***（1.5）
$\Delta review_i$	0.017***（0.006）	0.01*（0.05`）t	0.02***（0.005）
$\Delta low\_simi\_price_i$	-0.0008*（0.008）	-0.07***（1.98）	0.22（0.3）
$\Delta cos\_simi\_review_i$	-0.15*（0.16）	-1.08***（0.9）	-0.05***（0.17）
$\Delta cos\_simi\_descrip_i$	-0.23*（0.26）	-0.54***（0.27）	-0.11***（0.25）
$\Delta indegree_i$	1.66*（0.125）	1.18*（1.87）	1.61***（0.11）
$\Delta net\_centralization_i$	-0.09***（0.82）		
R-squared	0.09	0.04	0.21
observation	1086	250	836

注：* $p<0.1$，** $p<0.05$，*** $p<0.01$，括号内是稳健性标准误差。

为了确认估计结果在不同平台上的稳健性，本研究收集了另一个名为 Mo 的电商平台的数据，该平台是中国时尚女性的在线购物社区。从 2018 年 10 月 28 日至 2018 年 12 月 28 日的两个类别中收集了电吹风和口红的数据。如表 4-11 和表 4-12 所示，其他大多数结果是显著的，并且和之前的研究是一致的，其中口红产品的 cos_simi_review 系数在混合横截面模型和一阶差分模型中不一致。可能是因为口红属于一种典型的体验型产品，UGC 的多样性很大，所以 UGC 相似性所产生的影响是不确定的。

表 4-11　混合横截面模型

因变量：$sale_{it}$			
解释变量	所有产品	电吹风	口红
方程	Eq_1	Eq_2	Eq_3
C	1.91**（0.2121）	5.12*（3.224）	2.41*（0.351）
$review_{it}$	0.49**（0.021）	0.58*（0.252）	0.46*（0.024）

续表

解释变量	因变量：$sale_{it}$		
	所有产品	电吹风	口红
方程	Eq_1	Eq_2	Eq_3
low_simi_sprice$_{it}$	-0.13*（0.041）	-0.41*（0.091）	0.15（0.122）
cos_simi_review$_{it}$	-0.06*（0.04）	-1.19*（1.1）	0.2*（0.3）
cos_simi_descrip$_{it}$	-0.13*（0.051）	-0.45*（0.291）	-0.35*（0.092）
indegree$_{it}$	0.17***（0.031）	0.33*（0.212）	0.44*（0.053）
net_centralization$_{it}$	-0.07*（0.082）	-0.05（0.063）	-0.11*（0.091）
R-squared	0.33	0.24	0.39
observations	1102	549	553

注：*p<0.1，**p<0.05，***p<0.01，括号内是稳健性标准误差。

表 4-12　一阶差分模型

解释变量	因变量：$\Delta sale_{it}$		
	所有产品	电吹风	口红
方程	Eq_1	Eq_2	Eq_3
C	-2.5*（2.412）	0.35*（1.323）	0.78*（1.56）
$\Delta review_i$	2*（1.24）	1.2*（0.931）	0.001*（0.0223）
$\Delta low\_simi\_price_i$	0.07（0.015）	0.12（0.281）	-0.31（0.412）
$\Delta cos\_simi\_review_i$	-0.05*（0.042）	-0.015*（0.082）	-0.07*（0.019）
$\Delta cos\_simi\_descrip_i$	-0.09*（0.121）	-0.01*（0.062）	-0.04*（0.115）
$\Delta indegree_i$	0.1*（0.121）	0.027*（0.034）	1.13*（0.541）
$\Delta net\_centralization_i$	-0.07*（0.012）		
R-squared	0.08	0.08	0.16
observation	214	113	101

注：*p<0.1，**p<0.05，***p<0.01，括号内是稳健性标准误差。

4.6 结果讨论

尽管已经有研究者对推荐系统做了很多相关研究，但是仅有少数研究者考虑相似性推荐系统的经济影响，特别是很少有研究者考虑 UGC 和 MGC 的文本相似性及其产品相似网络的影响。本研究分析了相似性产品网络对销量的影响，得出以下结论。

首先，本研究的实证数据表明，来自相似产品的产品评论的文本相似性对销量有负向影响。研究量化了相似性产品评论的溢出效应。对于咖啡而言，产品评论的语义相似性增加 1% 会使产品需求减少 0.199%。在牛肉干（-0.146%）、咖啡机（-0.275%）和酸奶机（-0.47%）的分析中也估算了相同的效果。Kwark 等（2016）的实证分析表明替代产品评论的评分在购买中起负向作用。本研究从文本语义相似性的角度进行分析后发现，其结果与之前的发现有一致性，在理论上扩展了相似产品溢出效应的相关文献。

其次，当产品具有相似的用途或类似的产品特征时，产品是可替代的。因此，本研究通过产品描述来计算产品之间的相似性。分析了这些系数的实际意义，在食品类别中，咖啡和牛肉干中 cos_simi_descrip 的系数为 -0.096 和 -0.313。产品的功能属性描述文本的相似性对体验型产品具有更强的影响。对于牛肉干，产品描述相似性增加 1% 会导致产品需求减少 0.313%。假设 H1 和 H2 的结果表明，产品评论（UGC）和产品描述（MGC）的文本相似性都会对产品的需求产生负向影响。从 UGC 和 MGC 的角度来看，MGC 对搜索型产品的需求比 UGC 表现出更强的影响。对于搜索型产品，用户可以根据 MGC 中包含的产品品牌和产品属性参数来判断产品的质量。相反，对于体验型产品，消费者同时要关注 MGC 和 UGC 两方面的信息。本研究还使用相似产品的最低价格来检验价格弹性效应，但假设 H4 仅在酸奶机中得到支持，其他产品类别部分支持假设 H4，可能的解释是最低价格不能代表所有相似产品价格的综合影响。

最后，本研究通过使用来自某网站的数据构建相似性产品网络，发现产品的需求受到了产品相似性入度网络的某些网络特征和属性的影响；通过使用产品的入度和网络中心势来检验相似产品的入度网络的需求效应。研究得出，所有类别都支持假设 H4，所有类别中的 indegree 系数都是正数。Pathak 等（2010）的分析表明，推荐链接通过提高可见性从而增加被推荐商品的需求。为了实现高可见性，产品的页面必须连接良好，并且能从许多其他产品的页面访问到它。研究结果表明，产品入度网络中的度数具有正向的需求效应。咖啡和干牛肉的 indegree 系数分别为 0.637 和 0.715，咖啡机和酸奶机的 indegree 系数分别为 0.09 和 0.859。由模型结果可知，食品的系数大于电器的系数。也许是食品竞争更加激烈，食品在产品网络中位置的商业价值要大于电器。对于假设 H5，食品和电器两类中的系数都显著为负。从结果中发现，网络中心势的效果在产品之间是不同的，网络结构对体验型产品的影响比其他产品更敏感。

4.7 理论意义和实际意义

以往的研究分析了 UGC 和 MGC 对产品的直接影响，与此不同，本研究主要分析了相似产品评论和产品描述对产品的间接影响，即溢出效应。我们利用数据挖掘工具提取了 UGC 和 MGC 中的内容相似性，构建了基于物品的相似推荐系统所产生的相似性产品网络，并研究了相似性产品网络的商业价值。大量研究表明评论对产品的销售有显著影响，而很少有研究相关产品评论的影响效应。在本研究中，我们分析了相似产品评论的溢出效应。与以往研究考虑评论量、评分的研究不同，本研究侧重于产品评论的语义相似性，为产品网络的经济影响增加了理论贡献。以前的研究暂无针对相似性产品网络的影响的分析，本研究通过关注"相似性"从而扩展了现有的产品网络文献。本研究还通过检查相似产品评论对需求的溢出效应，为在线产品评论文献做出了贡献。

在实践方面，本研究帮助营销从业者更好地理解相似产品评论和相似产品描述对消费者购买决策的影响，在实践中有一定指导意义。在线零售商应考虑产品间的溢出效应，从而充分挖掘和利用在线评论并通过考虑相似性来优化和管理产品组合。在目前的电商网站中，消费者只能在单个产品上撰写评论。然而，考虑到相似产品的溢出效应，电子商务网站允许消费者在相似产品之间进行比较评论，并通过参考评论之间的相似性来推荐相关产品。此外，我们还观察到产品的描述相似性对产品需求具有更强烈的影响。对于在线零售商而言，管理相似产品的组合并突出产品功能显得非常重要。为了避免过度竞争，在线平台可以为卖家提供相似性管理建议，以制定不同的产品分类策略。研究还表明了产品描述（MGC）的相似性比产品评论（UGC）的相似性，对搜索型产品的需求表现出更强烈的影响。卖方可以根据不同的产品类型动态调整产品信息（MGC）及其披露政策。

  本研究的研究结果还为电子商务平台在优化推荐系统的设计和站点设计上提供了帮助。对于电商平台，通过考虑产品的入度数并优化产品的链接结构，来优化相似推荐算法在实际商业竞争中是具有现实意义的。每种产品的入度数都可以帮助卖家从竞争对手那里更清楚地了解自身产品在竞争中的位置。当向低入度的产品推荐高度相似的产品时，替代品的效果可能更好，并且它似乎对小卖家不利。因此，优化相似链接从而平衡大卖家和小卖家之间的联系至关重要，整个相似性产品网络的结构可能会影响整个产品类别销售状况。结果还表明，对于体验型产品，竞争更加激烈，网络的影响效应更大。这为电子商务网站的管理人员提供了如何根据产品类型优化网络结构的见解。

第 5 章　外部需求冲击在相似性产品网络中的扩散研究

5.1　研究背景

现实世界中存在着各种扩散现象，如疾病传染、计算机病毒蔓延、创新和技术的扩散、金融市场中的"羊群行为"，以及互联网信息与谣言的传播等。从宏观上看，金融危机、技术革命对各国经济、人民生活的冲击和影响不断加大。在微观层面，扩散的场景虽然不同，但基本围绕个体受到用户网络中的其他个体的行为影响展开。随着生产、生活对互联网、大数据的依赖程度不断提高，人们在互联网中的活动日益复杂、多样，用户网络与信息扩散对人们行为的影响也不断受到关注。

在社交环境中，两个相似的个体之间更容易产生交互，信息也更容易在相似人群中发生扩散。人们倾向于与相似的他人建立联系，因为这种相似性减少了认知负担，并提供了社交舒适感。我们通常觉得跟相似的人交流更容易，他们可能会分享相同的观点和价值观。一方面，当一个社交群体中的成员具有高度同质性时，信息在这个群体内扩散的速度可能比较快，因为群体成员之间会共享相似的信息处理方式和反应模式。另一方面，过度的同质性可能导致圈层化，即信息只在特定的小团体中传播，难以跨越不同的社交圈层。这就限制了信息、产品或创新思想更为广泛的传播。为了克服圈层化，社交平台需要鼓励多样性和包容性，使不同背景和观点的人能够相互接触和交流。在社交群体中，平衡同质性和异质性是关键，适度的同质性有助于维持群体的凝聚力和信息流通效率，而异质性则有助于引入新思想（Cummings et al., 2003；Al-Sharawneh et al., 2010；Bampo，

第 5 章 外部需求冲击在相似性产品网络中的扩散研究

2008；Aral et al.，2012）。

本研究在参考其他研究者的基础上，将扩散和溢出定义为系统中某一变量受到外部冲击的变化而向外扩散，引致系统中其他变量或整个系统的变化的情形。对应产品网络而言，网络的各个部分对于网络整体的影响不容忽视，局部的冲击或者波动会沿着网络的链接扩散出去，影响到看似不相关的远程的节点。因此，为了理解传播和扩散，我们必须理解网络的结构特征（Oestreicher-Singer 和 Sundararajan，2012；Dhar et al.，2014；Susarla et al.，2012；谷国锋，2024）。

以 ChatGPT 为代表的生成式人工智能技术得到快速演进和发展，这款由 OpenAI 推出的聊天机器人模型上线 5 天时间用户量便突破 100 万，两个月时间用户量更是突破 1 亿。ChatGPT 可以编写文案、写作论文、创作小说、编程写代码、分析报告等，从百度搜索指数可以看出其趋势（图 5-1），从 2022 年下半年以来搜索量的不断增加，到 2023 年 2 月份达到最高峰，从某平台的计算机图书销售排行榜可见，人工智能、深度学习等书籍高居 2 月份销量排行榜前列。

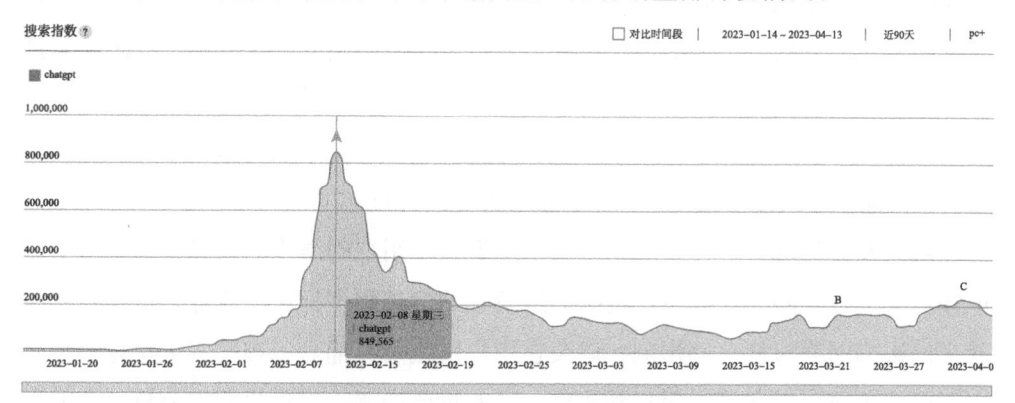

图 5-1　ChatGPT 百度搜索指数

我们关注产品推荐网络中需求扩散的情况，包括以下问题：需求波动如何传播及传播路径如何；外部冲击引发的需求波动在产品网络中的溢出规律和特点；需求冲击是否通过产品网络进行扩散；如果扩散，这种溢出效应的扩散深度如何？进一步地，量化分析受外部事件冲击引发的需求，在不同推荐类型产品网络中的溢出效应及其规律特点，对指导实践有重要参考价值。

- 79 -

5.2 理论基础

许多关于网络传播的研究，特别是在流行病学、计算机病毒的传播和口碑/信息传播的背景下，都将传播视为一个无边界的过程（Pastor-Satorras et al.，2015）。这些研究的重点是引发疾病突发、计算机病毒等事件感染、技术创新或产品采用在整个网络中传播，直到整个网络受到影响。然而，也有研究表明个人的影响力扩散和传播很可能只局限于网络中的一小部分，人们的社交圈往往由关系密切的朋友、家人和同事组成，其信息或行为的传播更可能发生在这些局部密集连接的小团体中。由于同质性偏好，信息的扩散往往会在这些群体内发生，而不一定跨越到其他不同的群体（Pastor-Satorras et al.，2015，Zhang et al.，2012）。

在用户网络中，个人可能对与他们有直接联系的朋友有较强影响，但这种影响强度不会同等地传递到他朋友的朋友，或者更远关系的朋友。因此，在社交和信息网络中，信息和行为的传播深度是否与传染病影响的深度一样？本研究的目标是研究相似图书产品网络中的需求扩散深度，其中图书是节点，图书之间的链接表示相似关系。我们在产品网络与用户网络结合的背景下对扩散进行相关研究，分析了产品推荐网络中的外部需求扩散和冲击的深度。

研究人员开发了各种技术和模型来捕捉在线用户网络中的信息传播，从中提取知识并进行预测。在线用户网络通过新颖的信息和多样化的观点，考虑到在线社交的影响网络对社会的影响，以及在用户网络及其捕获、理解、可视化和预测方面发展迅速，正在成为用户和研究人员的重要期望。对用户网络分析，有助于更好地跟踪热点事件、预测自然灾害、优化业务绩效（笱程成，2016；周天颖，2016；王之元，2018；王晞巍，2022）等。

Granovetter（1973）根据互动的频率、感情力量、亲密程度和互惠交换将连接分为强连接和弱连接，他提出的弱连接（Weak Tie）理论认为：对于任何形式的扩散行为，通过弱连接的扩散可以穿过更远的社会距离、触及更多的人群。Krackhardt 和 Stern（1988）提出的强连接（Strong Tie）理论则认为弱连接具有信息传递的优势，强连接则适于传递情感、信任和影响力。大多数时候，个体的选择体现出趋同化特征，如羊群效应或从众效应。在用户网络中，由于偏好相似往往会使群体的观点极化，人们往往会更倾向于和自己偏好相似的人建立起社交关系。例如，抖音会根据用户的喜好推荐其喜爱的内容，长此以往就容易造成用户所接受信息内容的同质化。

此外，现有研究分析了用户网络对产品扩散的影响，消费者交互作用下的从众效应和聚集效应，消费者交互作用和模式所呈现的社会网络特征，如处于跨边界位置的消费者、类型消费者、网络拓扑结构会影响网络效应产品扩散模式。现有研究主要集中在静态的网络结构上，比较和考察不同的网络结构特征对扩散的影响，如 Centola（2010）通过构建阈值模型探索了简单传播与复杂扩散在小世界网络、无标度网络、规则网络与随机网络等不同网络模型上的差异；Rahmandad 和 Sterman（2008）分析了 5 种静态网络中个体异质性及网络结构对信息扩散的影响。赵良杰（2012）认为消费者交互作用所产生的局部网络效应能够加快产品扩散早期和中期的速度，而聚集效应则会降低产品扩散中期速度，消费者之间交互度越强，产品扩散中期速度越快，全局交互型消费者则会降低产品扩散早期速度，但能提高产品扩散中期速度。类似空间关系，不同地点由于受空间相互作用和空间扩散的影响，彼此是相关的。在产品推荐网络所形成的空间关系中，产品节点也彼此存在相互影响。因此，本研究的重点是外部新闻热点事件所导致的需求波动在产品网络中的溢出效应，由于产品节点的相互影响，冲击会在整个产品网络中扩散，那么扩散的深度是一个值得关注的问题。

5.3 研究方法

本研究提出了构建相似性产品网络的过程，如图 5-2 所示。从国内电子商务平台某网获取数据，该平台使用基于相似性的推荐系统以提供相似产品推荐。对于每个产品，相似性的推荐系统识别并推荐出相似的产品组合。

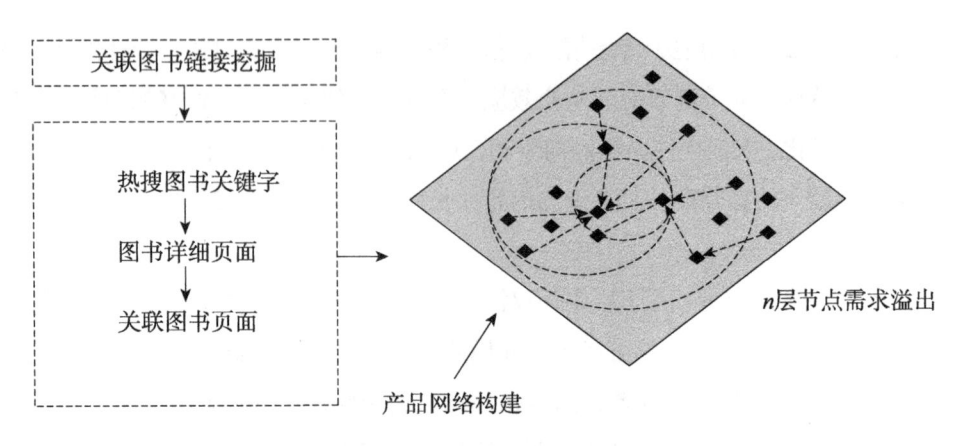

图 5-2　关联图书网络构建

我们在某平台图书窗口搜索"人工智能""ChatGPT""Python 编程""区块链""元宇宙""云计算""大数据""工业 4.0""数字孪生""5G""机器学习""自动驾驶""算法""数字图像""量子计算""虚拟现实""数据挖掘""Web""互联网""物联网""平台经济"共 21 个关键词，筛选每个分类中销量最高的图书作为热门节点，然后进入其他图书的详细页面，使用基于 Java 的爬虫在 2022 年 11 月和 2023 年 3 月收集每天的图书数据。通过爬虫收集每个页面上的图书文本信息和图书产品链接，根据某平台推荐的图书链接，包括"达人选购""人气单品"，我们选择前 30% 的产品，数据包括评论数量、好评度、价格、评论文本。由于该平台不公布当天销售数据，我们根据评论数量近似表示销量。在推荐产品链接采集过程中，使用深度优先遍历算法，从搜索页面结果列表出发，选择销量排名靠前的若干图书节点，尽可能沿着每个分支采集图书节点，为了提高效率，我们从某个节点开始，采集到第 10 层节点结束。

在某平台中，产品网络链接是有方向的，每个产品都有一组从其他相关推荐商品导入的推荐链接和从它自身导出的商品推荐链接。每个产品的入度链接通常根据外部商品推荐链接的情况会有所不同，我们因此重点分析了入度网络中需求的溢出和扩散效果。

5.3.1 计量经济模型

为了分析外部冲击下在线内容的需求溢出效应，热点新闻事件通常会带来视频、音乐等内容的热搜进而增加相关内容的播放量。本研究进一步分析外部冲击引发的需求溢出效应，产品溢出效应测量模型如下：

$$X_{i,t} = XC_{i,t} + \text{indegree}_{i,t} + \text{cluster}_{i,t} + \text{diffusion}_t + \text{AveSocialNei}_{ij,t} + \text{AveDistanceNeighb}_{ij,t} \quad (5-1)$$

$X_{i,t}$ 表示图书节点 i 在 t 期的平均销量，$XC_{i,t}$ 表示图书节点 i 在 t 期的控制变量，包括评论数量 review$_{it}$、价格 price$_{it}$ 等，diffusion$_t$ 表示热搜图书节点在 t 期的销量，Net$_{i,t}$ 表示产品节点 i 在 t 期的网络指标，包括入度数 indegree$_{i,t}$、聚类系数 cluster$_{i,t}$ 等，AveDistanceNeighb$_{i,t}$ 表示 t 期与节点 i 第 n 层距离的所有邻居节点的销量平均值，其中 $\sum_{J=1}^{K}\text{DemandNeighb}_{ij,t}$ 表示与 i 节点相连接的 K 个邻居节点需求之和。AveSocialNei$_{ij,t}$ 表示 t 期与节点 i 第 j 层距离的所有邻居节点粉丝数量平均值（表 5-1）。

表 5-1 变量定义

变量	变量描述	变量	变量描述
$X_{i,t}$	表示图书节点 i 在 t 期的平均销量	$XC_{i,t}$	产品节点 i 在 t 期的控制变量，包括评论数量、价格等
AveDistanceNeighb$_{i,t}$	$\frac{\sum_{J=1}^{K}\text{DemandNeighb}_{ij,t}}{K}$，表示 t 期与节点 i 第 n 层距离的所有邻居节点的销量平均值	inDegree$_{i,t}$	表示产品节点 i 在 t 期的入度数
		cluster$_{i,t}$	表示产品节点 i 在 t 期的聚类系数
diffusion$_t$	表示热搜图书节点在 t 期的销量	AveSocialNei$_{ij,t}$	表示 t 期与节点 i 第 j 层距离的所有邻居节点粉丝数量平均值

在上述模型的基础上，考虑到需求会在多层邻居节点中溢出，如图 5-3 所示依次增加外层邻居节点需求，距离从直接联系邻居增加到第 4 层邻居。

第2层溢出……第n层影响溢出

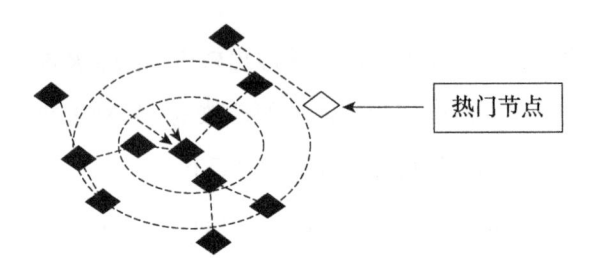

热门节点

图 5-3　图书节点邻居需求溢出

5.3.2　实证结果

本研究对产品需求溢出效应的测量结论,如表 5-2 所示(被解释变量 $\log(X_{i,t})$)。

表 5-2　实证结果

解释变量方程	DV: $\log(X_{i,t})$			
	Distance1	Distance2	Distance3	Distance4
	Eq_1	Eq_2	Eq_3	Eq_4
C	4.31** (0.159)	0.57** (0.513)	1.06** (0.315)	1.67** (0.372)
$review_{i,t}$	0.075*** (0.086)	0.058*** (0.022)	0.026** (0.013)	0.024*** (0.018)
$price_{i,t}$	-0.031*** (0.0188)	0.02** (0.025)	0.014* (0.011)	-0.011* (0.012)
$indegree_{i,t}$	0.12*** (0.0121)	0.09*** (0.0211)	0.08*** (0.0154)	0.07*** (0.0141)
$cluster_{i,t}$	0.05*** (0.0151)	0.04*** (0.0161)	0.03*** (0.0142)	0.04*** (0.0091)
$AveDistanceNeighb_{i,t}$	0.08** (0.0112)	0.06** (0.0244)	0.03*** (0.015)	0.02 (0.008)
$diffusion_t$	0.07*** (0.013)	0.06*** (0.009)	0.05** (0.007)	0.07** (0.006)
R-squared	0.11	0.09	0.08	0.05
observations	97	327	821	1624

5.4 结论及意义

如表 5-2 所示，随着增加邻居的层次，AveDistanceNeighb 系数总体在减小。实证结果表明，该平台图书产品网络中外部需求冲击的影响大约在三层产品网络之内。这就意味着，当一个产品受到需求冲击时，这种冲击最多影响到与之关联的第三层产品。到第四层时，冲击的影响已经不再显著。该平台图书产品网络中的外部需求冲击导致的影响相对较浅，尽管这种外部需求冲击和扩散是有明显影响的。随着产品网络层次的增加，外部需求冲击的影响逐渐减弱。由于本研究只分析了图书，而对其他产品还缺乏实证检验，所以不同产品的特性也可能会影响到需求冲击的扩散深度不同。例如，一些基础性或通用性较强的产品，可能会对更广泛的产品网络产生影响，而一些特定或专用性较强的产品的影响范围则可能较小。扩散深度较浅的原因可能包括以下几个方面。

（1）产品之间的关联度随着层次的增加而降低，导致需求波动的传播力度下降。

（2）由于网络中不同局部的连接密度不同，人们的社交圈往往由关系紧密的人员组成，因此信息或行为的传播更可能发生在局部密集连接的小团体中。

（3）信息扩散通常在高同质性群体内部发生，而不一定跨越到其他不同的群体。

（4）网络的结构本身可能会阻碍传播，例如，一个用户网络由多个相互独立的小团体组成，则信息可能不容易从一个团体传播到另一个团体。

（5）在特定的社交群体中，成员可能已经对某个话题或信息有所了解，因此新的传播在这个群体中不会得到太多关注。这些信息、产品或行为的传播需要超过一定的门槛才能在更广泛的网络中传播。如果无法达到这个门槛，传播就会被限制在较小的群体中。

本研究的实证结论也具有现实的管理意义。对平台零售商而言，他们可能要综合考虑库存、价格决策及产品之间的链接关系，平台在制定库存和价格策略时，平台零售商应考虑外部需求冲击的影响层次。对于直接受到冲击的产品，需要更加灵活的库存管理和价格调整策略，以应对可能的需求波动。平台想要充分利用产品网络的扩散和溢出效应，可以优化推荐链接，特别是对那些位于影响层次内的产品，要充分分析产品关系，更精准地推荐相关产品，从而增加销售机会。平台还可以围绕相似性、互补性等特点优化推荐链接，完善产品网络结构，控制聚类系数、入度/出度、模块度等，增加关键产品的关联链接，以及优化产品分类和标签系统，使产品之间的关联度更加清晰和有用。此外，不同产品特性会影响到扩散深度，因此在设计产品链接时，应考虑到扩散减弱的特点，对于影响范围较小的产品，可以适当减少链接深度，以避免资源浪费和用户混淆。平台应持续监控外部需求冲击对产品网络的影响，并根据数据分析结果动态调整策略，包括实时跟踪需求变化、用户行为和市场趋势，以便及时做出响应。加强与其他平台或合作伙伴共享数据和资源，以获得更全面的市场信息。这有助于平台更准确地评估外部需求冲击的影响，并制定相应的应对策略。

第 6 章　用户相似性网络对内容产品需求影响研究

6.1 研究背景

随着在线社交媒体的日益普及，消费者倾向于先看有过购物体验的消费者的评论和观点从而减少对产品和服务的不确定性（Murray，1991）。由于移动用户网络和在线实时评论技术的流行和应用，它们提供了一个允许大量消费者参与的媒体平台，方便了用户发表评论、共享信息、与他人交互。因此，在购买体验型产品时，互动和评论内容越来越强烈地影响顾客对产品质量的感知力和态度（Mauri 和 Minazzi，2013）。以往的研究表明，通过分析评论数量、效价和评论文本，在线评论具有显著的需求效应，通过揭示产品质量，减少购买过程中的不确定性。

近年来，在线视频平台变得非常流行，越来越多的受众倾向于与他人分享他们的观看体验。在线视频平台为用户提供了社区服务，观众能够在观看视频的同时即时互动并发表评论。

基于扩散理论，传染过程是由同伴效应和同质性影响共同驱动的，其中，同伴效应指的是相互联系的消费者之间的影响，或者是来自邻居影响所形成的传播，而同质性影响指的是消费者之间的某种相似性所形成的扩散效果。许多研究已经解释了新技术和新产品的扩散会受到同伴效应的作用，但也有实证的经验表明，例如：在电信移动服务的采纳过程中，Aral 等（2009）用同质性解释了 50% 的可感知的行为传染；Lobel（2016）从理论上研究了在同质性社会网络中的序贯贝叶斯学习模型，他们发现偏好的多样性和同质性对社会化学习行为的影响取决于用户网络的密度；Keramati 等（2014）的分析表明，在大量基于机器学习的预测方法中，通过挖掘评论内容、用户的交互和用户网络来推断用户个人的偏好和行为，其中同质性影响在中间起到了重要的作用。如前所述，之前的大多数相关研究都集中在在线用户生成内容对需求、销量、购买意图的影响上，如评论量、效价、评论主观性和可读性等（Ghose 和 Ipeirotis，2011）。而在社交媒体的背景下，之前的研究忽视了考察评论者之间的同质性和相似性，也忽视了评论者交互内容的相似性和多样性对需求的影响。

本研究的目的是分析评论者在网络视频平台中的同质性对需求的影响。同质性关系是指个体行为的相互影响所产生的相似行为结果（诱导型同质性），或者是个体偏好的相似性产生的相同选择的结果（选择型同质性）（McPherson 和 Smith-Lovin，2001）。本研究通过两方面的观察，一是评论者的偏好相似性网络（选择型同质性），二是评论者之间的互动水平（诱导型同质性），来量化基于评论者同质性的影响。在偏好相似性网络中，网络链接代表了有相似爱好的用户，如同属于某个明星的粉丝圈子（McPherson et al.，2001；Li et al.，2021），而评论者之间的互动水平则通过挖掘评论内容的文本相似性和情感相似性来进行分析。因此，我们的研究问题是：观众的观看需求（视频传播）是否受到评论者同质性的影响，以及偏好同质性网络的网络结构特征是什么以及如何产生影响？观看需求是否会受到消费者互动所产生评论的内容相似性影响？

总的来说，首先，研究加深了评论者（消费者）在产品扩散中的同质性影响的理解，虽然这引起了人们的极大关注，但是仍需要更多的基于数据驱动的实证研究。其次，研究首次尝试从两个维度来测量评论者的同质性，基于社会网络分析构建的偏好同质性网络（选择型同质性）和互动内容同质性（诱导型同质性）。最后，我们的研究还为在线平台考虑用户社区建设和设计，以及在线视频平台的管理策略提供了启示。

6.2 理论基础和假设

6.2.1 用户网络和相似性

尽管已有许多关于用户网络形成原因的研究，但是在社会科学中的有关网络研究主要集中在用户网络的结果及作用上，主要包括其同质性和社会影响。同质性被定义为相互作用的个体在属性方面相似的程度，例如信仰、价值观、教育、社会地位、年龄、性别、生活方式（Rogers 和 Bhowmik，1970）。许多关于消费者相似性的研究都集中在强联系和弱联系、消费者的同质性和异质性方面。Lazarsfeld 和 Merton（1954）区分了两种类型的同质性：社会地位的同质性和价值观念的同质性。社会地位的同质性包括种族、民族、年龄、性别和教育等特征，而价值观念的同质性包含价值观、态度和信仰等特征。在社会学理论中的同质性和相似性吸引原则下（Rogers 和 Bhowmik，1970），相似的人更有可能产生互动，越相似的人产生联系的概率越大，跟自身相似的人交往会对其价值观、信念、个体品质产生积极和肯定的反馈作用，个体之间在交往中由于很少有观念的差异性从而减少了摩擦和争论。Byrne（1967）表明，相似度和吸引力之间存在正向的线性关系，他把其称为"吸引法则"。基于对 Facebook 的数据分析，Aral（2012）通过识别社交网络中的用户之间的社会影响，也发现了具有相似兴趣的用户倾向于互相交流。

在同质性理论和相似吸引法则的基础上，商业领域也有许多相关的研究。Woodside 等（1974）讨论了推销员与消费者之间的相似性和推销员的专业知识对消费者购买行为的影响。他们的研究结果表明，推销员和消费者之间的相似性比他们试图说服客户的专业知识和经验更重要。Yaniv 等（2011）提出个体对与自己在某方面相似的评论者的意见很敏感，他们得出的结论表明，阅读者和评论者之间的相似性可能会提高后者的可信度，从而增强阅读者对信息的认可度。Dorothea Brack 等（2014）揭示了相似性是消费者群体之间的一个重要维度，可以产生积极影响并有利于经营业务。Chan 等（2017）通过实验发现，消费者与评论者的人口统计特征的相似性和偏好相似性会调节消费者阅读在线评论的酒店预订意图。上述研究中的大多数是关于节点（消费者或评论者）之间相互影响的结果。在社区或者消费者群体中，相似的人容易构成群体，而生活于其中的人可以共同借助相互之间的力量来抵御外部危机、增加安全感。不同的社区或者群体网络结构对个体产生的影响也不同。因此与以往的研究不同，本研究关注同质性网络的结构特征对节点发挥作用的影响。

为了构建评论者的同质性网络，本研究从分析同质性网络中节点的不同属性开始，通过挖掘用户的人口统计特征和偏好来建立用户之间的联系。同质（也称为相似性）链接可以理解为有相似属性，如同在一个兴趣小组（Borgatti，2009）。基于同质性原理，不同个体的共同特征越多，他们之间相互影响、相互作用的概率就越大（McPherson et al.，2001）。这些共同特征包括年龄、教育背景和话题兴趣等方面。Gan 等（2013）利用最近邻方法来构建用户之间的相似性网络，在算法和性能方面有所提高。用户相似性网络的研究主要集中在技术方面，目的是提高推荐引擎的准确性和多样性，但是对同质性网络的经济影响却很少有研究。在这项实证研究中，本研究通过考虑节点的度数和连接强度来检验和量化评论者的同质性网络的需求效应。

从用户网络拓扑结构的角度来看，Hofstra 等（2015）分析了用户网络特征对企业经营选择的影响，他们的分析表明网络的度中心性和网络加密度都会影响企业的选择。在用户网络中，并非所有节点都被均等地创建，一些节点具有比其他节点更好的"位置"，其中位置主要通过节点中心性等各种度量指标来量化，这可以帮助研究者分析网络中的"重要性"。高度中心的个人或高连接性的个人更具影响力，具有较高度中心性的个体之所以受欢迎，是因为节点具有更高的连通性和可见性。部分实证研究表明，相似性会促进个体间的联系与交互（McPherson et al.，2001），个体倾向于选择具有相似品味和偏好的人做朋友。他们共同的属性越多，他们就越相似。在本研究刻画的用户同质性网络中，个人的节点度数表示他与其他人具有的相同偏好的数量。如果用户有更多不同的多样化的兴趣，那么他会与更广泛的人有连接，他的度数可能更大。由于他们共同的偏好越多，所以他们之间互动的倾向就越高，从而导致他们互评、交互，且生成更多的交互内容。更多的评论通常表示视频更热门，观看需求也就更多。根据 Jackson 和 López-Pintado（2013）的观点，由于异质性的存在，当不同类型的团体进行交互的时候，传播感染会从一个组扩散到另外的组。因此，我们提出如下假设。

H1：用户同质性网络的平均节点度数对视频播放量有正向影响。

在用户网络中，人际关系的强弱程度会影响知识传播和扩散的容易程度（Szulanski，1996）。根据弱关系和强关系理论（Granovetter，1973），彼此联系的人可能具有相似的特征和偏好。当个体的相似性程度越高，个体之间的联系强度则会越大。与以往的用户网络研究内容不同，本研究的网络是基于相似性构建的用户同质性网络。当网络中连接的边的平均权重越大时，说明用户具有越多相似的偏好。在本研究的加权网络中，边的权重和连接强度也可以表示节点之间的同质性程度和相似性程度。具有相似性偏好的评论者更倾向于提供更多差异性小的观点和相似性强的信息。同质性导致个体接收到的信息的多样性受到局限，从而限制了个体的社交范围。Lobel 和 Sadler（2016）在理论上也揭示了多样化的偏好有利于学习，而过多的同质性可能会导致用户网络中的低效率和冗余信息。对于信息传播问题而言，Golub 和 Jackson（2012a）研究了传播中的学习速度和最佳响应过程对同质性的依赖。他们分析的结果表明由于同质性的存在，所以观点的收敛会减慢。也就是说，由于邻居节点信息的重复性和同质性，学习速度被极大地减缓了。Golub 和 Jackson（2012b）引入了加权同质性（DWH）并指出同质性影响了社团结构的边界。他们的分析表明，同质性和因其在用户网络中所引起的隔离对信息传播具有重要影响，DWH 减慢了信息的聚合速度。因此，我们提出如下假设。

H2：用户同质性网络的平均连接强度对视频播放量有负向影响。

6.2.2 在线评论和社交化视频

根据社会互动和社会影响理论，用户生成内容在信息传播和产品采纳中有显著作用。许多研究都表明在线评论对消费者决策有重要价值。Mayzlin（2006）表明，评论的分值等信息会降低消费者购买的不确定性。Cui（2010）发现评论内容的效价对产品销售有不同的影响，并且发现效价对体验型产品的作用更大。通过挖掘算法，Ghose 和 Ipeirotis（2011）分析了产品评论的多个维度，如主观性水平、可读性等测量标准，并揭示了主观性、信息量和可读性对产品需求的不同影响。Willemsen 和 Lotte（2011）研究了内容特征、知识专业性、评论效价和话语风格对感知有用性。Netzer 等（2012）采用文本挖掘方法并将其与语义网络分析工具相结合，基于用户生成内容数据生成了市场结构感知图和有意义的商业分析见解。Floyd 等（2014）表明，产品的效价对需求弹性的影响大于评论数量。BabićRosario 等（2016）通过对 40 个平台和 26 个产品类别中的 1532 种产品进行分析，发现电子口碑与销售呈正相关，但其作用因平台、产品类型不同而产生差异。

随着社交媒体的快速发展，围绕视频节目的社交互动和在线评论变得越来越流行。社交视频结合了传统视频观看和同社交媒体的互动，大量的观众通过共享观看体验生成评论并进行互动。越来越多的研究者也日益关注在线观众的互动和视频观看行为之间的关系。例如，Pagani等（2011）研究了个人参与和社交互动对社交视频网站的影响。Benton和Hill（2012）分析表明了在节目播放期间，发布在视频屏幕上的特定短消息更有可能被观众讨论。Liaukonyte等（2015）探讨了电视广告如何影响消费者在电商平台的购买行为。同样，Fossen等（2016）揭示了电视广告与品牌和在线口碑的关系。Cameron（2016）探讨了视频屏幕上用户生成的评论对用户的观看体验和社交存在感等影响。Lovett等（2016）揭示了视频观看者之间的互动和交流场景增强了观看的体验感。通常越受欢迎的视频，评论者之间的交互越活跃，交互的内容越多。因此，我们提出如下假设。

H3：评论者的互动量对视频播放量有正向影响。

不少研究分析了评论内容的多样性。例如，Huston和Levinger（1978）发现个体之间相互吸引的三个重要因素：态度、信念和价值观。Iselin（1988）的研究表明了信息负荷、信息的重复和多样性对决策质量的影响。Turney和Littman（2003）提出了基于词对的情感相似性来计算其语义关系。在本研究中，我们主要通过挖掘评论内容来分析在线视频评论的相似性对需求的影响，并使用基于余弦公式来计算任意两个评论之间的内容相似程度，该方法广泛应用于文本挖掘研究。我们假设观看者之间产生的评论内容的相似性可用于度量内容的多样性，评论内容的多样性或相似性在很大程度上反映了评论的信息量。Park（2009）表明了相似的积极评论可能导致信息过载从而影响决策。Javadi和Fu（2011）研究了观点的可见性对观念整合的影响，以及这种影响关系是如何受到信息多样性的影响的。实验表明，观点的整合与信息的可见性呈正相关。对于更高水平的信息多样性而言，信息可见性对观点整合的影响程度将更高。Jin等（2016）的结论表明用户网络产生的信息多样性可以提高效率。Hong等（2016）的分析表明评论内容的相似性与群体绩效呈负相关关系。因此，我们提出如下假设。

H4：用户交互评论的内容相似性与视频播放量是负相关关系。

由于匿名性和互联网的自由特征，产品评论通常既呈现积极态度又呈现消极态度，产品评论中的情感特征会揭示产品的被感知和市场受欢迎的程度。在传播日益快速的年代，个人很容易受到人际网络和意见领袖的影响（Katz，1957）。人们的决策过程容易受到各种接触到的在线评论意见的影响。人们越来越关注用户网络对个人和团队的影响，比如对用户的态度、情绪、行为和信息传播等方面的影响。Howard 和 Gengler（2001）研究了消息发送者和消息接收者受情绪影响的情况。他们通过分析表明消息发送者的情绪对消费者的意图产生影响。对在线评论中的情绪的理解，可以在很大程度上帮助我们分析为什么某些产品会比其他产品更受欢迎（Kim 和 Gupta，2012）。Huffaker 等（2010）分析表明，在社区论坛里，在消息中使用情感词汇的人会比那些没有使用情感词汇的人得到更多的反馈。通过分析 Twitter 数据，Stieglitz 等（2013）研究了社交媒体内容的情绪是否与用户的信息共享行为有关系，发现与中性的信息相比，情绪化的 Twitter 信息往往会被更频繁和更快速地转发。

在本研究中，我们主要分析社交视频平台中产生评论的情感相似性对受众观看行为的影响。关于情绪相似性的分析主要围绕在数据挖掘相关的技术和算法方面。例如，Yang 等（2013）提出了基于情感相似性的算法来分析微博用户的相似性，他们使用 Karhunen-Loéve 变换技术和正负面特征之间的平均精度来测量情感相似性。Feldman（2013）总结了情绪挖掘领域的五个重要方面，包含文档级的情绪、句子级的情绪、基于属性维度的情绪、比较情绪和基于情感词汇分析的情绪。Mohtarami 等（2013）提出了一种基于概率的情绪方法来推断单词之间的情感相似性。为了对词汇的情感极性进行分类，Feng 等（2013）通过实证数据评估了不同语料库在情感相似性度量中的表现差异。情感相似性也用于过滤信息推荐，并找到对同一主题具有相似态度的用户（Dong et al.，2016）。此外，还有一些文献分析了情感相似性（意见相似性或态度相似性）对行为的影响。Bhowmik（1970）指出，发消息者与信息接收者之间的情感投入会使知识、态度和行为的同质性更高。Li 和 Hitt（2008）的研究表明，产品评论很大程度上反映了个体对产品是否与偏好相匹配的主观评价，具有较高情感差异的评论信息对需求的作用更大。此外，市场营销领域的文献表明，市场信息的质量取决于信息来源的可靠性（Sarvey 和 Parker，1997）。具有较高情绪差异性的产品评论可增强信息的可靠性，更多样化的信息可增强信息的准确性（Zhang 等，2012）。基于以上研究，我们假设评论情绪的多样性（差异性）与视频需求呈正相关，情感差异性越大即相似性程度越低，视频需求越强。因此，我们提出如下假设。

H5：用户交互评论的情感相似性与视频播放量是负相关关系。

基于上述理论基础和假设，我们提出本研究的研究模型如图 6-1 所示。

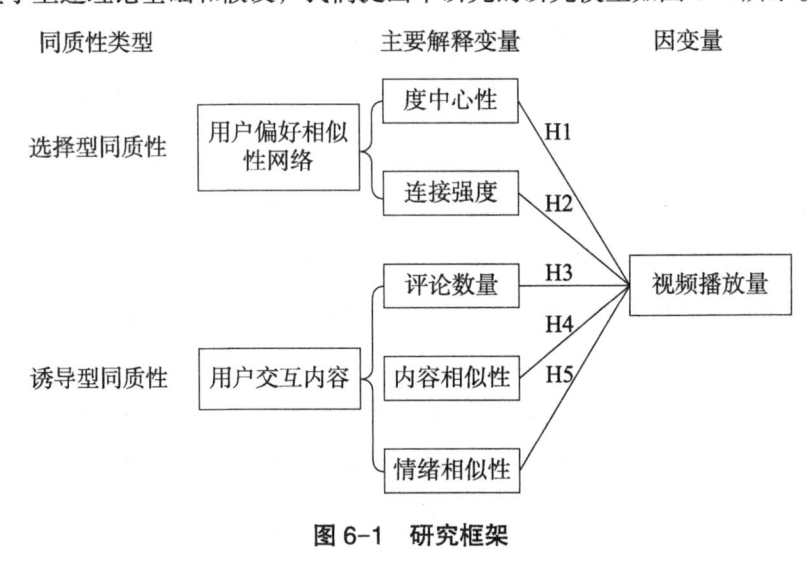

图 6-1 研究框架

6.3 研究方法

6.3.1 用户相似性网络构建

本研究说明了构建评论者相似性网络的过程，如图 6-2 所示。我们从某在线视频平台中获取数据，从视频列表页面分析用户评论链接，使用基于 Java 的爬虫来收集 2018 年 3 月 2 日到 2018 年 6 月 2 日的数据。最终数据集包括 56 个视频，在每个页面上，爬虫采集视频页面上的评论信息和评论者的个人资料链接。采集的数据包括视频的总观看次数、评论量、评论内容、评论者数量，以及评论者主页中包括的偏好、关注的圈子等数据。

第 6 章　用户相似性网络对内容产品需求影响研究

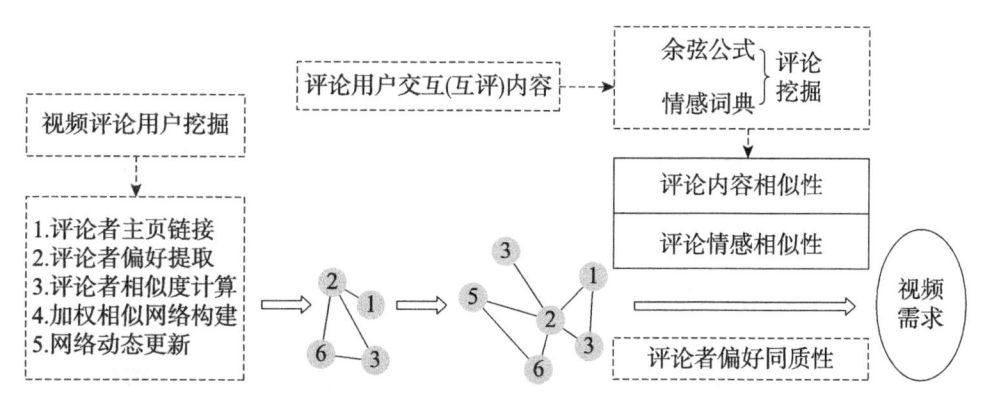

图 6-2　评论用户相似性动态网络构建

根据同质性理论，相似性是相互作用的个体在某些属性方面相似的程度，例如信仰、价值观、教育、社会地位等（McPherson et al., 2001；Rogers 和 Bhowmik, 1970）。相似性包括个人的价值观（即偏好相似性）和个人的状态（即人口统计相似性）两个方面。为了形成评论者相似性网络，程序每天都会采集视频页面中的评论者，并从评论者的主页上提取用户的兴趣圈子和偏好信息。在某在线视频平台中，明星圈子表示一群关注同一个明星或视频的人。在明星圈子中，粉丝浏览明星的信息、分享娱乐信息，并与其他用户互动。我们定义发表评论用户的相似度为他们之间相同圈子的数量。共同的圈子越多，则他们之间的相似度越高。在本研究的网络中，当两个用户之间存在至少一个共同圈子时，则建立两个节点之间的边。由于个体之间交互的强度会影响网络的行为，本研究添加边的权重来描述用户的相似性，并将边的权重定义为两个节点之间共同圈子的数量。

6.3.2　评论内容相似性

在文本挖掘的研究中，通常使用基于向量的余弦相似性来度量两个评论之间的内容相似度，并通过内容的相似性来评估观点的多样性。本研究主要计算每条视频的所有评论平均的内容相似度。给定某个视频评论的两个句子 A、B，A、B 都是 n 维向量，如 $[A_1, A_2, ..., A_n]$，$[B_1, B_2, ..., B_n]$，并判断它们的相似性。这两个句子，可以用下面的等式来计算其余弦值：

- 95 -

$$\cos\theta = \frac{\sum_i (A_i \times B_i)}{\sqrt{\sum_i (A_i)^2} \times \sqrt{\sum_i (B_i)^2}} \qquad (6\text{-}1)$$

如果两个句子相似,则余弦角度接近于零,其余弦值接近于1。对于给定的视频,计算两两之间的相似度,并得出所有评论句子之间的平均值。

6.3.3 评论内容情绪的相似性

情感分析通过使用文本挖掘技术来分析公众对特定话题、新闻事件或产品的情绪（Pang 和 Lee，2008）。大多数情感分析方法基于以下技术：机器学习、基于词典的技术和基于语法的技术。在本研究中,主要采用基于词典的技术来确定用户的评论内容是正向的还是负向的,即通过分析评论中所有词汇的情绪分值来确定评论内容的情绪。本研究根据两种流行的情感词典来计算得分：知网的 HowNet 词典和大连理工大学的情感词典。我们可利用它们来判断词的积极性和消极性,并量化出情感程度值。本研究根据字典的计算方法（Fu Xianghua，2013）,通过调整以下等式来确定每个评论的情感极性,并计算情绪的方向及其强度：

$$\text{Polarity}(t) = \sum_i (P_i \times D_i \times N_i) \qquad (6\text{-}2)$$

Polarity（t）代表句子的情感强度值,P_i 代表词的赋值（正面情绪为1,负面情绪为 -1）,D_i 代表程度副词的值（范围从 0.5 到 2.5,表 6-1）,N_i 表示否定词的值（-1）。

表 6-1　t 程度副词的等级及分值

程度副词等级	分值
1	2.5
2	2.1
3	1.8
4	0.8
5	0.5

A 句子和 B 句子之间的相似性也反映了它们之间的差异性,越低的相似性表

示差异性越大。本研究通过标准差的方式来测量情感强度之间的距离。当标准差越小，表明句子情感之间的距离越近，句子之间也越相似。我们首先分析句子的情绪分值，然后考虑这些评论的标准差（Standard Deviation，Std）。

$$\text{Std} = \sqrt{\frac{\sum_t (\text{Polarity}_t - \overline{P}_t)^2}{N}} \quad (6\text{-}3)$$

Polarity_t 是评论 t 的情绪评分，$\overline{P}$ 是平均情绪评分。Std 测量给定视频中的所有评论的情绪值的波动情况，表示评论句子情绪之间的差异值。在本研究的分析中，Std 反映了情感的相似程度，如果标准差越小，则情感的相似度越大。

6.3.4 计量模型

因变量 views 代表的是视频的需求，主要的解释变量是 comments、net_connection、net_degree、sim_comment、std_sentiment。所有变量的详细描述，如表 6-2 所示。

表 6-2 变量定义

变量名	变量描述	变量名	变量描述
views_{it}	视频 i 在第 t 天的观看次数	comments_{it}	视频 i 在第 t 天的评论数量
$\text{net\_connectin}_{it}$	视频 i 在第 t 天中评论者相似性网络的平均边权重	net_degree_{it}	视频 i 在第 t 天中的评论者相似性网络的平均节点度数
sim_comment_{it}	视频 i 在第 t 天中的所有评论的平均内容相似度	$\text{std\_sentiment}_{it}$	视频 i 在第 t 天中的所有评论的情感方差
hot	虚拟变量，用于表示视频是否有热门明星	costume	虚拟变量，用于表示视频是否为古装片
action	虚拟变量，用于表示视频是否为动作片	drama	虚拟变量，用于表示视频是否为剧情片

变量 comments 表示的是视频收到的评论数量，表示评论用户之间的交互情况，评论的数量越大，则观看视频的用户越活跃。基于评论者相似性网络的网络结构变量包括 net_connection 和 net_degree，它们表示的是评论用户的偏好相似性。其中，变量 net_connection 表示用户相似性网络的平均连接强度，连接强度越大，则节点之间的相似程度越高；而变量 net_degree 表示原节点的连接数量，如果值越大说明

用户之间的相似点越广泛，共同偏好越多。为了分析因交互、互评产生的诱导型同质性，我们使用变量 sim_comment 和 std_sentiment 来测量评论内容相似性和评论情感相似性。变量描述性统计如表 6-3 所示，变量间相关系数如表 6-4 所示。本研究使用第三方新媒体数据监测营销咨询公司 VLinkage，其提供的第三方网站中的明星流行度指数来代表明星热度。如果明星的排名在前 30 名，那么热门的价值是 1。视频的类型、包括古装、动作、戏剧和其他，由某平台提供。本研究使用三个虚拟变量来表示古装、动作、戏剧和其他。

表 6-3 变量描述性统计

变量	均值	标准差	最小值	最大值
$views_{it}$	1142043	4197003	398	67200000
$sim\_comment_{it}$	8.90	3.36	0.16	30.15
$net\_connection_{it}$	2.43	0.58	2	13
net_degree_{it}	8.94	6.26	1	24.50
$std\_sentiment_{it}$	7.78	8.59	0.59	75.42
$comments_{it}$	213.85	2267.02	1.00	70778

表 6-4 变量间相关系数

变量	$views_{it}$	$sim\_comment_{it}$	$net\_connection_{it}$	net_degree_{it}	$std\_sentiment_{it}$	$comments_{it}$
$views_{it}$	1	−0.11	−0.008	0.06	0.26	0.41
$sim\_comment_{it}$	−0.11	1	0.2	−0.02	0.26	0.18
$net\_connection_{it}$	−0.008	0.2	1	−0.07	0.13	0.17
net_degree_{it}	0.06	−0.02	−0.07	1	0.02	0.06
$std\_sentiment_{it}$	0.26	0.26	0.13	0.02	1	0.31
$comments_{it}$	0.41	0.18	0.17	0.06	0.31	1

为了分析评论者相似性网络的影响，本研究使用面板模型在等式（6-4）中指定这些影响。我们以对数形式指定所有变量：

$$\text{views}_{it} = \beta_1 \text{comments}_{it} + \beta_2 \text{net\_degree}_{it} + \beta_3 \text{net\_connection}_{it} +$$
$$\beta_4 \text{sim\_comment}_{it} + \beta_5 \text{std\_sentiment}_{it} + a_i + \text{costume} + \text{drama} + \text{action} + u_{it} \quad (6\text{-}4)$$

其中，a_i 表示捕获未观察到的视频的固定效果，u_{it} 表示剩余的随机误差项。本研究分别采用固定效应（FE）和随机效应（RE）估计方法来检验模型效果。

6.3.5 实证结果

固定效应模型的估计结果和随机效应模型的估计结果如表 6-5、表 6-6 所示。虚拟变量 hot 表示视频是否有热门明星参加。

表 6-5 固定效应模型

因变量：views_{it}		
Variables	Coefficient	Robust Std. Err
C	11.1***	0.3
comments_{it}	0.51***	0.05
net_degree_{it}	0.13***	0.04
$\text{net\_connection}_{it}$	−0.52**	0.24
sim_comment_{it}	−0.18***	0.06
$\text{std\_sentiment}_{it}$	0.13**	0.06
costume	0.27	0.18
drama	0.4**	0.17
action	0.1	0.16
hot	0.08	0.09
R-squared	0.38（overall），0.493（within），0.44（between）	

注：*p<0.1，**p<0.05，***p<0.01，观察组数：56，样本数量：6435。

表 6-6 随机效应模型

因变量：views_{it}		
Variables	Coefficient	Robust Std. Err
C	10.7***	0.28
comments_{it}	0.51***	0.05

续表

因变量：$views_{it}$		
Variables	Coefficient	Robust Std. Err
net_degree_{it}	0.13***	0.04
$net\_connection_{it}$	−0.52**	0.24
$sim\_comment_{it}$	−0.18***	0.06
$std\_sentiment_{it}$	0.14**	0.06
costume	0.29**	0.17
drama	0.42**	0.16
action	0.14	0.16
hot	0.08	0.09
R-squared	0.38（overall），0.49（within），0.45（between）	

注：*p<0.1，**p<0.05，***p<0.01，观察组数：56，样本数量：6435。

社交视频将传统的视频观看与社交媒体的互动结合起来，把匿名的观众相互联系起来进行观影分享。

首先，探讨用户之间的互动所生成的内容。在表6-5和表6-6中，变量comments系数是正向的，并且具有统计显著性。评论的总数量有时可看作产品受欢迎的信号。更多的是观看视频后的体验、评论和分享，代表着更高的播放需求。更多评论意味着用户之间的互动更活跃，用户之间的思想观点的作用更大。在以往的研究中，Tsai和Ghoshal（1998）发现，两个组织的成员之间的互动频率和社会互动关系的紧密性，对他们之间的知识交流有明显作用。当人们与他人一起观看视频时，他们会比自己单独观看视频时表现出更多的微笑，这会增强人们的观看体验和乐趣（Fridlund，1991）。在本研究中，由于视频节目更具体验的属性，因此用户评论比搜索品比较更能发挥重要的作用。更多的评论会增强用户的社会存在感，这能对观看体验产生更正向的影响。更多的交互，通常给人们更多乐趣并引发更强烈的观看需求。

其次，使用基于向量的余弦相似性来分析在线评论的需求效应。计算任意两个评论之间的内容相似性，我们可以看到sim_comment系数是负的和显著的，评论内容越相似，观看的需求就越少。Duan等（2008）指出消费者可以通过在线评论来推断电影的质量。随着相似观点增多和冗余重复，用户更难找到有价值的内容（Park 和 Lee，2008）。评论内容的多样性对用户很重要，因为它们提供更多的产品信息以帮助用户决策从而更好地匹配他们的偏好（Zhang 等，2012；庄蔚，2023）。在本研究中，评论内容的相似性可以作为多样性的一种反映衡量。因此，回归结果表明评论的多样性具有正向的需求效应。更多相似的评论通常表现为信息过载，并阻碍用户的认知。因此，消费者阅读多样性的评论可以帮助他们更全面地评估视频的质量，从而增加观看需求。

再次，我们进一步分析情感相似性的需求效应，在表 6-5 和表 6-6 中，std_sentiment 系数是正的并且具有统计显著性。我们可以看到评论内容的情绪相似性与观看需求存在影响关系。情绪的差异越大，情绪越多样化，引发视频的观看需求就越多。由于方差越大，评论内容的情绪相似性越小，因此模型的结果还意味着评论的情绪越相似，视频需求越少。研究表明，产品评论中具有较大的情感差异性可以提供更可靠性的信息（Sarvey 和 Parker，1997）。Berger 和 Milkman（2012）分析表明，文章被分享和传播的可能性与其内容中的情感有正向关系，同时与文章中的情感内容引起的生理唤醒存在正相关关系。在本研究中，我们聚焦评论中的情感相似性。当评论者的情感不同时，评论内容可以反映消费者更多异质性的偏好，由于视频有更多的体验性产品的属性，所以评论内容中包含更多样化的情感可能会使视频产生更大的吸引力，从而提升需求。

最后，我们探讨了用户相似性网络的不同特征对需求的影响。从模型结果可以看出 net_connection 系数是负的并且是显著的。以往的研究表明，用户网络的结构对行为有明显影响，但关系的类型如同质性和异质性关系的影响是不同的。在社会网络理论中，同质性会限制个体获得更异质和丰富的资源（McPherson，2001）。Moscovici 和 Zavalloni（1969）揭示了同质性群体可能会减少观点和意见的多样性，因为受群体压力和规范性约束，个体更愿意与他人保持一致。在本研究中，变量 net_connection 表示用户关系的平均连接强度。由于边是相似性连接，当边的连接强度更大时，说明用户也更相似和同质。其系数为负，意味着用户的同质性降低了视频的观看需求。Faraji-Rad 等（2011）表明，当消费者推断出评论者与自身更相似时，负面评论的伤害更加强烈。在本研究中，连接的强度代表了评论者之间同质性的程度。评论者可能会以更高的概率生成类似的评论，使观点和意见缺乏多样性，从而导致信息冗余。另外，net_degree 系数是正的且显著的。节点度表示的是自身与其他节点相连接的数量。我们根据用户共同兴趣的数量来形成连接时，拥有更多样化兴趣的用户可能会生成更多连接。如果用户具有更多样化的兴趣，则他的节点度数更大。平均度数更大的话，则表示这些用户之间有更多的共同偏好和兴趣，这样会使他们相互之间的互动、互评倾向性更高。在本研究中，兴趣更加广泛的评论者可能会生成更多评论并增强观点的多样性，而内容和观点的多样性会吸引更多的用户观看视频。

本研究使用解释变量的滞后一期控制了因变量和解释变量之间的同期双向因果关系，其结果和之前的研究一致，如表 6-7 和表 6-8 所示。本章研究假设结论的支持情况，如表 6-9 所示。

表 6-7　固定效应模型

因变量：views$_{it}$		
Variables	Coefficient	Robust Std. Err
C	11.4***	0.33
comments$_{it-1}$	0.27***	0.03
net_degree$_{it-1}$	0.19***	0.06
net_connection$_{it-1}$	−0.4*	0.21
sim_comment$_{it-1}$	−0.36***	0.09
std_sentiment$_{it-1}$	0.19**	0.07
costume	0.59	0.35
drama	0.5	0.35
action	0.29	0.32
internet	0.73**	0.09
hot	0.005	0.21
R-squared	0.06（overall），0.18（within），0.2（between）	

注：*$p<0.1$，**$p<0.05$，***$p<0.01$，观察组数：55，样本数量：6415。

下标 $t-1$ 表示变量滞后一期，通过滞后一期变量，我们控制了因变量和解释变量之间的同期双向因果关系。

表 6-8　随机效应模型

因变量：$views_{it}$		
Variables	Coefficient	Robust Std. Err
C	11.44***	0.35
$comments_{it-1}$	0.2***	0.07
net_degree_{it-1}	0.18***	0.06
$net\_connection_{it-1}$	−0.41*	0.21
$sim\_comment_{it-1}$	−0.36***	0.09
$std\_sentiment_{it-1}$	0.2**	0.07
costume	0.68**	0.31
drama	0.51*	0.31
action	0.35	0.28
internet	−0.23	0.31
hot	0.01*	0.2
R-squared	0.22（overall），0.18（within），0.37（between）	

注：*p<0.1，**p<0.05，***p<0.01，观察组数：55，样本数量：6415。

下标 t−1 表示变量滞后一期，通过滞后一期变量，我们控制了因变量和解释变量之间的同期双向因果关系。

表 6-9　假设结论

研究假设	
H1：用户同质性网络的平均节点度数对视频播放量有正向影响	支持
H2：用户同质性网络的平均连接强度对视频播放量有负向影响	支持
H3：评论者的互动量对视频播放量有正向影响	支持
H4：用户交互评论的内容相似性与视频播放量是负相关关系	支持
H5：用户交互评论的情感相似性与视频播放量是负相关关系	支持

尽管围绕在线评论的研究已经有很多，但是只有少量研究关注评论者的同质性网络和评论者的社交互动对需求的影响。本研究关注的问题是视频观看需求（视频传播）是否受到评论者之间的同质性影响，以及评论者群体的同质性网络相关

特征是否影响视频播放需求，以及如何影响视频播放需求；视频观看需求，是否受消费者互动所产生评论的内容相似性和评论情感相似性的影响。本研究从中国在线某视频网站上，根据2018年上线的56个节目的数据进行实证研究，体现在以下几方面。

首先，结果表明，评论者的相似性网络对视频需求具有影响，即评论者群体的同质性对视频需求具有负面影响。本研究量化了评论者网络的需求效应，其中节点度的平均值增加1%，会使视频需求增加0.13%；网络的平均连接强度增加1%，会使视频需求减少0.52%。以往的研究表明了同质性在消费者决策、信息传播和新产品采纳过程中的作用。例如，Evans（1963）分析说明当销售人员和消费者之间在外貌特征和生活方式等方面有更多的相似性时，交易成功的可能性更大。Tucker（2011）的分析表明，朋友间因具有相似口味和偏好带来的同质效应对产品在社交媒介中的传播具有重要作用。Zhang（2012）认为消费者对数字内容消费的边际效用，取决于内容贡献者与阅读者之间的相似性。我们的研究证实了用户同质性网络所包括的用户同质性，是影响消费者的决策和行为的一个重要因素。

其次，我们的分析结果表明，在线社交互动的数量对消费者的视频观看需求有积极影响。具体而言，随着在线社交互动数量增加1%，消费者的观看量将增加约0.51%。用户在粉丝圈子里的互动，有助于逐步建立和强化用户之间的关系，并促进信息传播以影响需求。在以往产品评论的研究中，大多数都关注非文本信息，如评论分数等。在本研究中，我们通过挖掘评论文本特别是其中的文本内容相似性，探讨评论文本内容的作用，并表明评论的多样性共有正向的需求效应。评论相似度增加1%会使视频需求减少0.18%。评论内容越相似，它提供的产品信息就越少，从而使信息重复和冗余，我们分析发现评论内容的多样性会对需求产生正向影响，因为它们提供了更多的信息。Zhang等（2012）分析了Twitter短消息中的主题相似性，他们的研究表明话题相似性会影响用户在社交网络中的个人转发行为。评论文本的多样性有助于消费者对产品进行更全面的评估。我们的研究表明了评论文本的相似性和多样性是影响视频需求的重要因素。

最后，很少有研究关注在线社交视频评论中的情绪相似性与需求扩散之间的关系。已经有学者证明，情感因素在影响沟通中发挥着重要作用。Forgas（1995）

指出了情绪影响我们注意到的东西、大家所学到的东西、所记得的事情。在本研究中，我们分析了用户交互、互相评论中所包含的相似性情绪是否与用户的观看行为相关。情绪相似度增加 1%，会导致视频需求减少 0.13%，即情绪多样性增加 1%，会使视频需求增加 0.13%。了解在线评论中的情绪因素可以在很大程度上帮助我们理解为什么某些产品比其他产品更受欢迎。从视频的各种特征来看，我们发现只有古装戏这一类型在随机效应和固定效应估计中表现显著。

6.4　研究结论及意义

随着社交媒体、用户社区圈子和用户生成内容的快速扩展，它们对企业战略和产品销售的影响越来越受到学者和从业者的关注。基于同质性理论，利用某视频平台的数据，本章从三个角度关注用户同质性网络和在线社交互动对受众需求的影响，包括评论者偏好、评论者互动内容和情感的相似度。本研究结果可以提供以下见解。

首先，以前的相关研究大多数都集中在在线用户生成内容中的数量、评分等对需求的影响（Ghose 和 Ipeirotis，2011）。之前的研究对在社交媒体的背景下，使用社会网络分析方法来研究评论者群体的同质性所带来的需求效应缺少关注。本研究有助于提高评论者对产品扩散的同质效应的理解，这在日益流行的用户生产内容的趋势下引起了人们的关注，但仍需要更多的实证研究。使用社会网络分析、数据挖掘技术来创建评论者的相似性网络。研究结果扩展了对用户网络的研究，提供了评论者对同质性网络对经济影响的实证分析。对于从业者而言，随着社交媒体和移动 App 应用的日益普及，视频公司和在线平台需要更多地考虑用户之间的在线互动。分析和识别相似的评论者对于管理的实际意义，因为评论者的同质效应可能会使用户的观看需求减少。为了推广新的节目，社交媒体公司可以分析用户的偏好相似度，设计机制来增强用户之间的互动。社交媒体公司还可以获取用户反馈，以便我们在视频平台上获得更好的未来内容。

其次，研究首次尝试从两个维度来分析评论者的同质性，包括偏好同质性（选择型同质性）和互评内容（诱导型同质性）。评论的本研究内容特点如何影响销售仍未得到研究者的充分关注。考虑到社交媒体（微信、博客、Facebook）中的大多数口碑信息都不是评分，而是视频、图像和短文本，因此研究问题会变得更加重要。在本研究中，我们探讨了用户互动所产生的评论内容的影响，分析表明评论内容的多样性具有正向的需求效应。从实际角度来看，研究结果可以帮助在线视频提供商更好地理解在线评论，可以更有针对性地关注评论文本的多样性。文本内容所展示的不同意见可能导致更高的视频需求。网站运营者可以优化设计网站系统以把不同文本内容进行组合，从而展示更加丰富多样的信息。企业还可以动态监控所有评论的相似性或多样性。如果评论内容相似程度太高，则意味着重复信息过载，企业可以通过提供多个话题和主题，以鼓励评论者更积极地进行讨论。

再次，基于总共6000多条的评论数据，我们发现评论内容中的情感相似性，对用户观看体验具有影响。此外，这对企业运营而言有更实际的意义，企业可更加关注与UGC（用户生成内容）中的品牌和产品相关的情感分析，考虑设计触发情感的MGC（卖方生成内容）。从结果中可以发现评论情感的相似度和差异性，对观看需求有显著影响。因此，企业可以制定适当的策略来管理评论内容中的情绪。通常，负面评论可能会对需求有损害。然而，结果显示，包括消极和积极评论在内的更具多样化和差异性的情绪会增加视频的观看需求。在线评论的内容和情感相似分析，可以帮助平台发现有趣的主题。因此，平台还可以有意识地创建一些热议话题，以引发不同意见或平衡冲突观点，并挖掘评论情绪，以做出更好的需求预测。

最后，在线广告服务为视频平台贡献了大部分收入，广告与收视率密切相关。研究结果表明，用户偏好相似性、在线评论的内容相似性和情感相似性可以显著影响观众需求。因此，平台可以根据这些因素预测分析观众的需求，并为视频设置不同的广告价格。对于广告客户，考虑到模型中提到的这些因素，还可以选择最佳视频目标来发布广告。

第 7 章　基于产品 – 用户双层网络的内容产品需求预测研究

7.1　研究背景

基于协同过滤或内容过滤技术生成的个性化推荐提高了用户信息的决策质量，同时导致产品网络的出现，它将相关、相似或互补的产品相互联系起来，通过降低搜索成本，帮助消费者做出更明智的选择（Kim et al., 2012）。与用户网络相比，在产品网络中，节点不是个人而是产品实体，例如，相似性产品网络是我们研究的主要网络，产品之间的链接是基于产品之间的相似性，如产品属性、图像、产品功能，同时还包含了用户偏好、用户选择行为等方面的相似性，越相似的产品越容易被推荐。在相似性产品网络中，链接的含义不同于用户网络中的社会成员之间的交互行为，而是代表了产品之间共同的相似因素，表示了相互连接的产品被消费者共同喜欢的程度。链接并不是由于社交关系中成员直接互动而形成的，链接的形成不仅仅由节点的内部属性，如产品的特征或其固有的相似属性而决定，也会受到人们对产品的共同偏好的影响。此外，随着社交化趋势的影响，电商及内容平台用户网络得到普遍应用，基于个人偏好和人际交互的用户网络，通过揭示不同个体之间的联系，可以帮助我们预测网络成员的各种可能性行为。譬如，如果我们知道一个人已经做出了何种选择行为，我们可以使用用户网络来预测与之相联系的邻居的选择（Hill et al., 2006）。个体之间会由于相同偏好，有过类似的经历而产生相互影响、相互联系，或者形成某种组合（Aral et al., 2009）。由于用户网络中的链接可以反映出节点（个体）之间的固有相似性，这两个节点之间可以互相传递个人信息，因此该链接包含有价值的预测性信息。

在抖音、哔哩哔哩、虾米音乐、知乎等内容平台，我们经常会看到与自己曾经点赞过的相似短视频、音乐、问答知识推送。由于各种推荐系统的应用，使得大量内容节点不再孤立存在，而是内容之间相互链接形成了内容网络。内容产品价值不仅取决于自身，而且还受到所链接内容需求的影响。譬如，用户出现短视频"上瘾"行为（熊开容等，2021）。用户在内容平台不仅可以通过相似推荐获取内容信息，同时可以通过关注内容与创造者进行互动。内容平台通过用户网络和产品网络极大地提高了信息获取、分发效率，对用户信息行为和平台运营决策影响日益重要。

尽管这些研究已经围绕产品网络经济影响展开了实证分析，但是它们主要集中于关注搜索型产品，对体验型内容产品分析不足，特别是围绕基于图像、视频、音频、文本等方式所形成内容产品研究不够，内容产品与一般商品在生产、消费和使用等环节有显著区别，存在着共享性、非竞争性、网络效应和语义特征。围绕需求在产品网络中的溢出、重大事件导致的需求波动在网络中溢出和扩散仍缺少深入分析。由于一些内容平台在产品推荐系统的基础上添加了用户网络，通过引入社交媒体，将网络转变为一个社会环境，用户可以在线互动和生成内容，用户信息行为与那些缺乏社交环境的平台有所不同。

本研究选择某音乐平台作为研究对象。该平台在每首歌曲的主页上面会基于"听了这首歌的人也喜欢听"来进行相似性音乐推荐（图7-1，图7-2），该平台基于协同过滤推荐技术来分析有共同兴趣偏好用户的选择。该技术假设有相似观点、认知、兴趣的用户，他们的需求也是类似的，这是一种社会化的推荐方式，由于基于内容过滤的方式只能计算可直接观察到的如产品描述、产品名字、品牌等可见信息，而如艺术品、音乐、电影等内在的产品质量、水平、品位等不可见特征难以计算，这正是协同过滤推荐方法擅长解决的优点。推荐考虑的协同特征并非计算用户已有历史行为信息，而是分析用户之间的点击相似、兴趣相似、主题相似、标签词相似、向量相似，从而扩展模型泛化能力并缓解"算法越推荐新颖信息越窄"的困难。

从社会心理学中的观察学习理论（Observational Learning Theory）来看，Bussey 和 Bandura（1999）认为，个体会观察他人的行为进而做出类似的行为。

在各类在线平台中，如果推荐信息过多，或者一些专业性产品导致非专业人士很难理解，那么此时通过观察大多数人的选择就成为一种可行的方案。用户通常相信别人的选择有某种道理，特别是如果很多人做出相类似的选择就会强化用户对该选择正确性的信念。在某音乐平台，相似推荐歌曲之间的链接是基于产品之间的相似性，如歌曲属性，同时还包含了用户偏好、用户选择行为等方面的相似性，因此推荐的相似音乐之间的需求会相互影响。

图 7-1　某音乐平台相似歌曲推荐

图 7-2　某音乐平台收藏歌曲用户信息

产品需求预测是改善企业管理决策和提高营销效率的重要因素，在当前竞争日益激烈、市场变化迅速的环境下，准确的需求预测能帮助企业掌握变化情况，提前布局，抢占先机。产品需求预测是一项困难的任务，但对模型或理论的验证却是必不可少的。在个体交互网络中，基于个体水平的预测通常比较困难。例如，在新产品的扩散过程中，人们很难预测谁会采用该产品，即使知道了这个人周围的朋友已经采用该产品。在用户网络中，由于个人行为的差异性很大程度上是由"噪声"或外在冲击导致的，所以基于个人连接的预测有很大挑战性。尽管有外部冲击和随机影响因素，但是大量研究和实验已经表明可以使用网络结构、节点和连接信息进行预测，相比随机预测而言，利用网络信息可以明显提高模型的预测性能。因而，大量研究集中在如何寻找和建立更好的模型以便充分的挖掘和利用用户网络信息。

从国内外的研究情况看，大量的研究集中在两个方面。其一，挖掘更多与产品需求相关的信息，如产品的价格、品牌、消费者评论等，通过增加额外信息来提高预测精确度（Ramanathan 和 Muyldermans, 2010）。其二，寻找更复杂的模型，如支持向量机、神经网络、深度学习模型，以获得更加强健的模拟能力（Sun et al., 2013）。然而，这些研究主要还是围绕产品自身的历史信息来分析，对于挖掘与产品相关联的产品信息则展开不多。在市场购物篮分析中，Agrawal 等（1996）通过挖掘商品的关联规则，发现了共同购买商品的概率特点，并以此为依据为企业改善营销决策，推荐关联产品提供建议。在电商平台上，产品推荐系统通过挖掘消费者购买偏好数据，在产品页面经常会推荐相关联的互补或相似产品，产品之间的联系通过可见的链接推荐紧密了，商品页面的流量会不断流转和分发。因此，需要重点考虑产品间的相互连接、相互关系，作为增加因素对提升预测能力有现实意义。

基于产品网络的预测与基于个体的用户网络预测不同，如在一些电商平台的"看了这个商品的消费者又看""买了这个商品的消费者又买了"等形成的产品网络中，共看或共买链接聚合了大量的个人偏好信息，这种链接反映了其他商品的需求，可以被看成一种加总或平均需求。在音乐或者书籍的相似性推荐系统中，被大量消费者共同喜欢的次数越多，则音乐和书籍的相似性越高，在相似性产品网络中的相似链接也反映了其他产品的需求。我们想要利用这种加总或平均了其他相似产品需求的网络结构和链接关系，在产品个体层面对需求进行预测。尽管已有文献已经对"看了又看""买了又买"网络进行预测，但是还没有利用相似性产品网络结合用户网络对音乐产品需求进行预测。随着"互联网+"的不断推进，在线音乐市场也日益活跃，例如，网易云音乐、阿里音乐和 QQ 音乐不断尝试新模式和新技术，对用户影响日益深远，因此加强音乐产品需求预测管理有重要的现实意义。

　　Pathak 等（2010）表明，推荐链接可以直接增加推荐产品的销售量。当推荐系统被当作营销工具时，它不仅帮助消费者选择相关信息，还增加了在线收入。Oestreicher-Singer 和 Sundararajan（2012）在研究亚马逊的"共买网络"后表明，在控制影响产品需求一些解释因素后，共买产品网络中互补产品之间联系的可见性会对需求有明显的影响。虽然他们的论文认为，产品网络和需求之间存在关系，但是他们的研究并未说明未来的需求预测和当前网络节点及网络结构之间的关系，动态变化的网络结构和网络节点需求对未来需求的具体影响机制也尚未被进一步研究。Dhar 等（2014）通过分析亚马逊的共同购买产品网络，发现增加了产品邻居的需求和动态网络中的聚类系数，PageRank 等指标可以提升产品需求的预测能力。

　　相比之下，本研究兴趣在于了解相似邻居产品的历史需求信息，以及相邻相似节点之间的网络关系是否可用于预测重点产品的未来需求（图 7-3）。

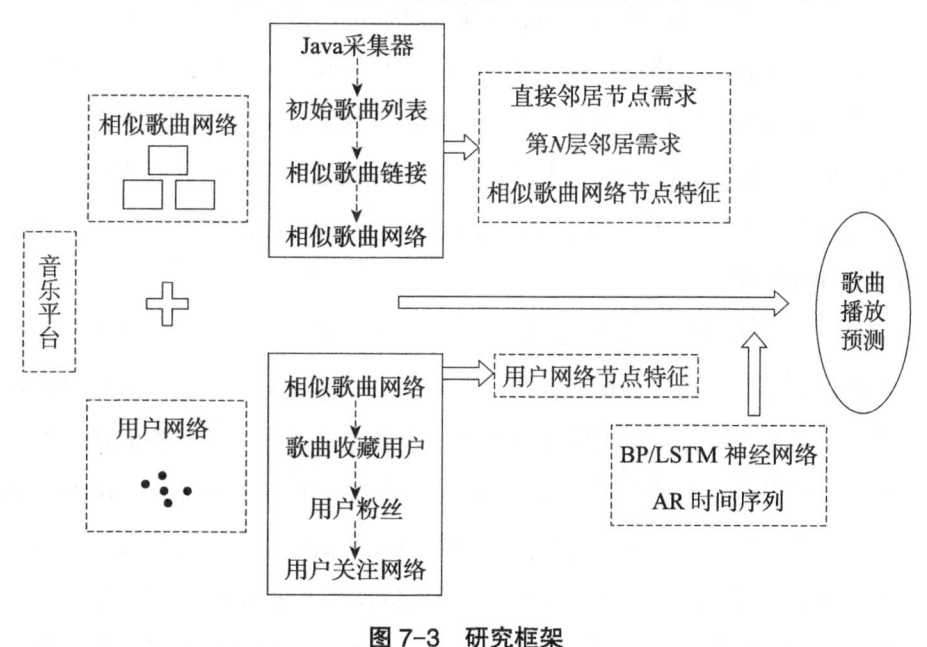

图 7-3　研究框架

　　在音乐或书籍的推荐系统中，利用用户共同喜欢的数据来增强推荐的准确性是一种非常有效的方法，如果多个用户表现出对某些项目的偏好，那么这些项目在某种意义上是相似的，并且可以向相似用户推荐。因此，我们的研究想挖掘用户的相似偏好关系，在相似性产品网络的基础上，再增加粉丝用户的社交网络，验证双层网络是否比单一网络提高预测能力。将重点产品自身的历史需求包括在内，并参考相似产品的历史需求及其相似性产品的网络属性信息，看这种组合是否比单纯地利用重点产品自身的历史信息进行预测，能够更好地提升预测效果。

相似性产品网络的结构可以提供3种类型的预测信息来源。

第一，彼此直接链接的邻居相似产品是预测需求的较好参考组，他们之间具有高需求相关性。因为相互之间链接的相似性产品考虑了产品的属性相似，并且该网络是基于大量用户的共同喜欢行为而构建的，比如，在某音乐平台中，相似性推荐是基于听了该歌曲的用户也喜欢听的类似的歌曲。这种推荐链接本身就包含了大量的共同行为，即两首相似的歌曲除了音乐属性相似以外，还反映了大量用户的共同选择行为。这种相似性链接关系让产品的内在相似性链接实现了可见化，使得用户能够看见产品间的相似联系，这些潜在的相关性不同于产品的可见特征（如音乐作者、风格、歌词或描述产品的其他属性）。利用这种相关性，我们可以把直接或间接链接的邻居节点的需求纳入对需求预测的考虑范围，所以本研究抓取某音乐网站数据，构建相似性产品网络，通过计算相似邻居节点需求量、节点本身度数、聚集系数、PageRank等指标，基于LSTM/图神经网络模型对音乐播放量进行预测。

第二，产品网络中的位置，入度等结构特性可能包含有价值的信息。与链接维度有限的实际线下商店不同，在线电商平台具有更为复杂的网络结构和更多链接维度，并且某个商品在该网络中的节点的位置包含了相应的预测信息。比如，高入度中心的节点，可能比低入度中心的节点具有更广泛的可见性，从而带来更多流量，具有高聚集系数的节点的需求分布模式和低聚集系数的节点可能存在不同特点，从而使得产品的入度、聚类系数等可以作为需求的预测参考信息。

第三，用户的相互关注网络信息，用户之间会产生粉丝和明星关系，有大量粉丝关注的用户，如果收藏了、听了该歌曲，那么该歌曲会被粉丝看见，由此会导入流量。本研究进一步挖掘某音乐平台所包含的用户网络，在相似性产品网络的基础上融入用户网络结构信息，作为预测模型的组合输入，在收藏该歌曲的用户中，考虑这些用户的粉丝情况，这些用户如果关注网络中的影响力、入度、聚类系数等可以增加模型信息来源，以提升预测能力（图 7-4）。

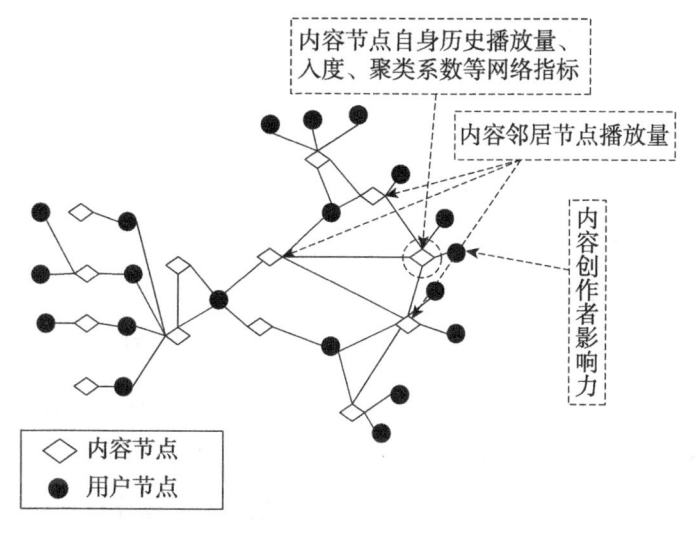

图 7-4　产品网络与用户网络双层网络结构

基于上面的分析，本研究的问题分为 3 个方面。①相似性邻居节点的当前和过去信息是否包含预测信息？②网络的结构属性，如 PageRank，聚集系数和入度等网络测量指标是否包含额外的预测信息？③在产品相似网络的基础上，再增加用户关注网络的相关信息是否可以进一步提高预测能力。

我们使用从某音乐平台收集的大量相似音乐网络和用户关系网络数据来验证提出的假设。这些数据跨越近两个月的观察周期，覆盖了一万多首歌曲信息。数据集中还包括歌曲的相似性推荐链接关系，收藏或者评论该歌曲的用户信息，用户之间的互相关注信息。训练数据既考虑了局部聚类系数（Watts 和 Strogatz，1998）等网络局部信息，又把 PageRank（Brin 和 Page，1998）等网络全局信息考虑了进去。

本研究比较了两种预测模型。第一种是线性自回归（AR）模型，其在时间序列分析和经济金融文献中运用广泛。第二种是神经网络（NN）模型，它是在有大量数据的情况下对复杂非线性问题进行建模的有效方法。使用不同的预测模型可以帮助我们来判断结果的稳健性，即预测性能的提高是否在不同模型中有效，相应的变量是否和特定模型相关或者和特定模型无关，增加包含相似性产品网络和用户网络的数据集是否可以显著改善模型的预测性能。同时，因为我们通常不知道给定模型是否优于另一个模型的性能，所以需要把不同模型考虑进来。尽管诸如 BP 神经网络（Backpropagation Neural Network）、卷积神经网络等在非线性建模从捕获复杂关系的能力比较强，但是我们也常常发现这些算法存在过度拟合等问题。另外，简单的 AR 线性模型（Autoregressive Linear Model）虽然在反应复杂关系方面可能较差，但是很少出现过度拟合等问题。因而，我们采用更基本的 AR 模型可以作为基准。尽管还可以使用许多其他模型，但是我们的选择反映了目前常用的两类标准模型即计量经济学模型和机器学习建模。

在计算机、经济学、市场营销等领域，研究者已经认识到了用户网络和经济（产品）网络的重要性。近年来，研究人员已经表现出对用户网络大数据挖掘的兴趣（Liben-Nowell D., Kleinberg J, 2007）。研究者们开发了相关数据集，在产品扩散、顾客流失、舆论走势、用户网络与金融市场关系、欺诈检测和社会安全等方面都进行了相关预测。Domingos 和 Richardson（2001）通过挖掘知识分享网站中用户之间隐含的社交关系来改善营销目标提高营销精准化效率，并通过消费者社交关系来合理优化分配给每个人的营销金额。Bampo 等（2008）研究了用户之间的用户网络结构是如何影响用户之间在即时通信软件里的信息流动，以及如何优化网络结构和改善信息的流通。Aggarwal（2014）总结了用户网络演化以及链接预测等问题。

本书研究问题不同于以往研究的是，它想检验是否可以在基于相似性推荐系统所形成的相似性产品网络链接背景下改善预测结果。同时，本次研究更集中在测量相似性产品需求的变化对未来的影响。本书通过识别给定产品的直接邻居，并分析网络中该产品的结构特征（在网络中的全局位置和局部位置）来改进预测。在研究中，日益得到重视的是经济对象（人、信息、产品）之间的相互关系，这种相互关系的形成一方面来自可观察的特征（如歌曲主题或类型、歌手信息、歌名和歌词等），另一方面来源于不可见的观察因素，如产品质量、品质水平，我们称之为产品"内在特征"，特别是歌曲、电影、书籍等体验产品需要消费者体验后才能感知的属性，而可见的属性与不可见的"内在特征"在数据挖掘和经济预测中的基础作用日益重要。因此，我们的主要兴趣在于验证产品的未来需求是否可以通过把历史需求与基于产品"内在特征"的所构成的网络信息结合起来更准确地进行需求预测。

此外，我们的研究不同于已有文献中关于复杂网络类型的研究（Chakrabarti et al.，1998；Macskassy 和 Provost，2007；姜涛和张洋，2023）或链接预测（Lichtenwalter et al.，2010），不仅在研究目的方面，而且在研究方法上也有所区别。首先，本研究中产品网络是相似性网络，区别于其他类型的网络。其次，本研究使用网络过去状态的多个"快照"，以便对未来状态做出推断，网络本身是动态变化的。以前的方法将网络拓扑方面看作"固定"，在一个固定的时间内收集信息，然后进行推断。相比之下，网络结构是动态的，不知道未来的网络结构是什么。相反，本研究关注的只是使用网络的当前和过去结构，以及网络节点的状态来预测每个节点的需求情况。最后，把产品网络和用户网络进行结合，对两种网络所包含的信息进行提取，综合考虑进行预测。

7.2 预测数据集和模型

7.2.1 预测数据集

本研究使用产品相似性推荐网络和用户网络在某网站上的一万多首歌曲信息。在该网站上，每首歌曲主页都有一组相似歌曲链接和收藏该歌曲的用户链接，这些链接指向用户也喜欢听的相似歌曲和用户的个人听歌排行主页。该链接组合用标题"购买此产品的客户也购买""收藏某歌曲的人们""听某歌曲的人也听（旧版）""相似歌曲（新版）"表示了相似歌曲的示例。相似音乐网络是有向图，其中节点对应于音乐，并且边指向与该歌曲相似的歌曲。我们使用基于 Java 的爬虫收集有关此图的数据，该爬虫从一首受欢迎的歌曲开始，并使用深度优先算法跟随相似音乐链接。在每个页面上，爬虫收集歌曲的相关信息如播放量、歌手、评论，以及该页面上的相似音乐和收藏用户链接，每天重复一次。

我们选择的音乐包括该网站上的流行音乐、热门音乐，使用从 2018 年 10 月到 2018 年 12 月收集的数据，产品网络每天都会遍历和更新。使用以下数据字段，歌曲 ID 号、相似歌曲 ID 号、收藏用户 ID 号、歌曲名、歌词、听歌播放量、分享数量、收藏数量、歌手、歌曲类别、所属专辑、评论数量、评论内容等。

基于收集的数据，为每个节点构建以下变量。

（1）相似歌曲节点的加总播放量（InListen），计算每个节点入度邻居的加总播放量。

（2）相似歌曲节点的平均播放量（InListen），计算每个节点入度邻居的播放量平均值。

（3）基于用户网络结构的相关变量。对于每首歌曲，计算该歌曲的收藏用户的总入度数，收藏用户的平均等级，总的粉丝数量。

（4）基于产品网络结构的相关变量。对于每首歌曲，计算3个基于网络结构的变量，它可能包括预测信息：入度、聚集系数和PageRank。

其中，PageRank的计算公式为：

$$PR(k) = \sum_{v \in B_k} \frac{PR(v)}{L(v)} \quad (7-1)$$

其中，L表示结点v的出度，B_k是所有指向k的结点v。把PageRank进行分析是因为它是一种对复杂网络全局性的度量方法，它代表了来自网络中任何一个节点对特点节点的"关注"。网络节点的入度及聚类系数可以捕捉到节点的局部邻居信息，但不能捕捉到更全局的节点间的信息，而PageRank则整合和包括了可更广泛的整体网络节点的信息，局部信息和全局信息都包含有预测性能力，因此需要包括反映了全局和局部信息的指标进行综合预测。

对于每首歌曲，还计算了局部聚类系数（Watts和Strogatz，1998）。给定节点i，它的局部聚类系数LocalClust（i）是用来测量节点及其邻居是否形成一个闭包，计算公式如下：

$$\text{LocalClust}(i) = \frac{\text{Neib}(i)}{K(i) \times [K(i)-1]} \quad (7-2)$$

$K(i)$表示节点的直接邻居的数量，$K(i) \times [K(i)-1]$表示节点i直接邻居之间的最大可能边的数量，Neib（i）表示节点i和其邻居节点的所有的边的数量，在产品网络的背景下，如同在用户网络的情况一样，聚类系数是一个重要的局部特征指标，可以包含两方面的重要预测信息。首先，网络的聚集特点可能会影响整个网络的流量分布模式。它将影响消费者在产品上"浏览"时所遵循的路径，因此可能影响整个网络的最终需求。其次，紧密聚集在一起的网络成员可能表示更高的同质性。在用户网络中，更高的同质性和聚集特点会加强邻居行为的影响，而在产品网络中表示用户需求的相似性，则反映了用户的共同偏好。

为了构建和评估预测模型，搜集的样本为40天内近1.6万个歌曲数据，删除了异常或极端的观察结果，比如一些营销活动、推广活动、节假日导致的流量异常，同时删除了数据丢失或部分丢失的音乐样本。从数据集中随机选择了30天数据进行训练，随机选择时间段可以使得我们消除特定时间段内可能存在的偏差，从而增加了预测模型的适用性。

我们使用几组数据变量作为输入来预测产品的未来需求，从最基本的数据变量开始，然后逐步增加其他解释变量来扩充输入数据集合，以下是不同的数据集合。

（1）历史需求数据（数据 a）：使用 log（Listen i1），log（Listen iN）来预测 log（Listen i0），其中 Listen i1 是昨天观察到的音乐节点 i 的播放量，而 Listen iN 是节点 i 在 N 天前观察到的播放量。

（2）历史需求和邻居音乐节点需求数据（数据 b）：使用 log（Listen$i$1），logListen（iN）及 log（InListen$i$1），log（InListen$i$1N）来预测 logListen$i$0，其中 InListen$i$1 是昨天观察到的与 i 直接相邻的音乐节点的总需求量，InListen$i$1N 是 N 天前与节点 i 直接相连的邻居总需求。

（3）历史需求和邻居音乐节点需求和音乐节点的 PageRank，聚类系数和入度数据（数据 c）。

使用以下变量：

log（Listen$i$1）…logListen（iN）

log（InListen$i$1）…log（InListen$i$1N）

log（Degree$i$1）…log（Degree$i$1N）

log（PageRank$i$1）…log（PageRank$i$1N）

log（LocalCluster$i$1）…log（LocalCluster$i$1N）

来预测 logListen$i$0。其中，Degree$i$1 表示节点 i 昨日的入度值，Degree$i$1N 表

示节点 i 在 N 天前的入度值。PageRank$i$1 是昨天观察到的节点 i 的 PageRank 值，PageRank$i$1N 是 N 天前节点 i 的 PageRank 值。LocalClust$i$1 是昨天观察到的节点 i 的局部聚类系数，LocalClust$i$1N 是 N 天前节点 i 的局部聚类系数。

（4）历史需求与邻居音乐节点需求和相似音乐网络结构（音乐节点的 PageRank，聚类系数和入度）和收藏用户网络结构（用户节点入度，用户粉丝数量）数据（数据 d）。

我们使用以下变量，

log（Listen$i$1）…logListen（iN）

log（InListen$i$1）…log（InListen$i$1N）

log（Degree$i$1）…log（Degree$i$1N）

log（PageRank$i$1）… log（PageRank$i$1N）

log（LocalCluster$i$1）…log（LocalCluster$i$1N）

log（USERDegree$i$1）… log（USERDegree$i$1N）

log（USERFans$i$1）… log（USERFans$i$1N）

来预测 logListen$i$0。USERDegree$i$1 是昨天观察到的音乐节点 i 的收藏用户的总入度值，USERDegree$i$1N 是 N 天前音乐节点 i 的收藏用户的总入度值。USERDegree$i$1 是昨天观察到的音乐节点 i 的收藏用户总粉丝数量，USERDegree$i$1N 是 N 天前音乐节点 i 的收藏用户总粉丝数量。

为了分析不断添加信息对预测准确性的影响，使用 3 个普遍使用的模型，基于每个输入数据（1）（2）（3）（4）生产预测结果。

7.2.2 预测模型

第一，具有最小二乘估计量的自回归（AR）模型。这是一个基本的线性模型，通常用于分析时间序列数据，使用 STATA 软件来运行 AR 模型。

第二，基于反向传播的神经网络模型。这是一个非线性模型，反向传播算法由 Werbos（1974）估算，使用 Matlab 软件自带的 BP 神经网络来运算。

第三，基于长短记忆的神经网络模型（Long Short-Term Memory，LSTM）。

这是在递归神经网络（Recurrent Neural Network，RNN）上的改进（Gers et al. 2002）的模型。由于普通神经网络在各次运算中是独立的，而 LSTM 每一次隐含层的运算都会考虑短期和长期信息，使得 LSTM 具有了长短记忆的功能，是适合"序列"（Sequence）性质的时间序列数据建模的强大的工具。我们使用 Matlab 软件实现 LSTM 神经网络的运行。

预测变量 $X_{i,t}$ 为内容节点 i 在 t 期的播放量，具体拟预测模型如下所示。

（1）基准模型——自回归（AR）模型，主要变量和数据集合包括：

$$X_{i,t}, X_{i,t-m}$$

其中，$X_{i,t-m}$ 为内容节点 i 在 $t-m$ 期的播放量。

（2）LSTM 和图神经网络模型，在基准模型数据集的基础上，增加如下数据集合和变量：

$$X_{i,t} = \beta_0 \text{LocalCluster}_{i,t} + \beta_1 \text{PageRank}_{i,t} + \beta_2 \text{LnDegree}_{i,t} + \sum_{j=1}^{K} \text{NeighbourDemand}_{ij,t} + \sum_{K=1}^{K} X_{i,t} X_{i,t} \quad (7-3)$$

$\text{LocalCluster}_{i,t}, \text{PageRank}_{i,t}, \text{InDegree}_{i,t}, \sum_{j=1}^{K} \text{NeighbourDemand}_{ij,t}, \text{Social}_{i,t}$

$\sum_{j=1}^{K} \text{NeighbourDemand}_{ij,t}$ 表示与内容节点 i 在 t 期直接连接内容邻居节点的需求量总和，$\text{LocalCluster}_{i,t}$ 表示内容节点 i 在 t 期的聚类系数，$\text{InDegree}_{i,t}$ 表示节点 i 在 t 期的入度数，$\text{PageRank}_{i,t}$ 表示内容节点 i 在 t 期的 PageRank 值，$\text{Social}_{i,t}$ 表示内容产品所属于的用户节点的影响力，包括粉丝数量、在社交网络中的聚类系数等。

7.3 预测结果

本研究将数据样本分为两组：训练集，包括前 30 天，用于构建预测模型；测试集，包括剩余的 10 天，用于评估预测模型。这样既确保了跨时间的验证，又保证了每个模型仅在未来的数据上进行测试，未来的测试数据不包含在训练集中。每个模型使用不同期的时间滞后，在模型里面是不同的 N 值所对应的变量，滞后期从 1 天到 7 天，每个预测模型都被反复运行多次。

图 7-5 至图 7-7 和表 7-1 至表 7-3 显示了不同模型的测试结果，所有的结果都使用均方误差（Mean Squared Error, MSE）的测试标准来验证预测性能。均方误差适合在 AR 和 BP 神经网络、LSTM 神经网络等不同模型之间进行比较。

图 7-5 和表 7-1 的结果表明，具有历史需求和相邻节点需求（数据 b）的 AR 模型比仅具有历史需求信息（数据 a）的 AR 模型更好，这符合预期，即使用的历史时期越多，其性能越好。如图 7-5 所示，将邻居需求及节点的 PageRank、聚类系数、入度（数据 c）和收藏用户网络结构（数据 d）的数据添加到 AR 模型后，模型的预测性能略微有所提高，但是新增加的信息并没有明显的大幅提升模型的预测能力。

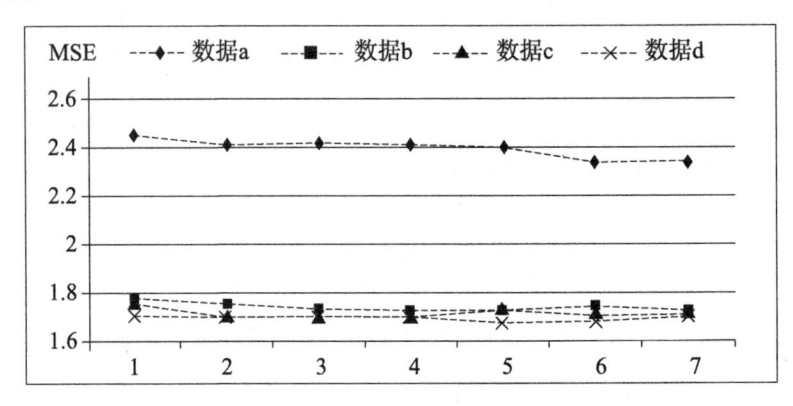

图 7-5　AR 模型 MSE

表 7-1　AR 模型 MSE

滞后期数	1	2	3	4	5	6	7
数据 a	2.46	2.42	2.43	2.42	2.41	2.35	2.35
数据 b	1.78	1.76	1.74	1.73	1.72	1.75	1.73
数据 c	1.76	1.71	1.71	1.71	1.74	1.71	1.73
数据 d	1.71	1.71	1.71	1.71	1.68	1.69	1.71

图 7-6 和表 7-2 比较了给定不同的训练组数据在 BP 模型上的性能表现。从结果上看，在增加了邻居节点信息和网络的局部和全局信息后，预测效果有所提升，而且 BP 神经网络模型、LSTM 神经网络模型比 AR 模型表现更好，AR 模型由于

只能模拟线性关系，无法实现非线性关系模拟，而 BP 和 LSTM 可以模拟更复杂的非线性关系，如信息的交互关系，特别是我们的产品网络中的产品节点之间的链接关系，基于神经网络可以提取出相应的信息，从而提高预测能力。

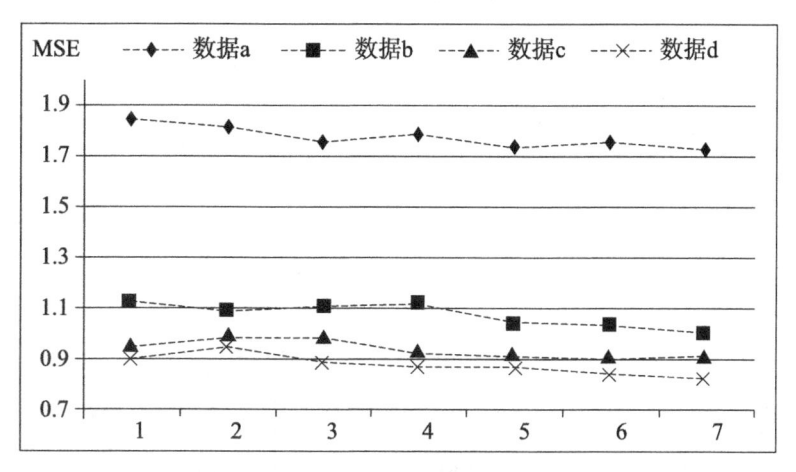

图 7-6　BP 神经网络 MSE

表 7-2　BP 神经网络 MSE

滞后期数	1	2	3	4	5	6	7
数据 a	1.84	1.81	1.75	1.78	1.73	1.75	1.72
数据 b	1.13	1.09	1.11	1.12	1.05	1.04	1.01
数据 c	0.95	0.98	0.99	0.93	0.92	0.91	0.92
数据 d	0.91	0.95	0.89	0.88	0.87	0.85	0.84

比较图 7-5、图 7-6 及图 7-7，从结果可以看出，在使用各种数据时，BP 神经网络模型好于 AR 模型，LSTM 神经网络模型好于 AR 模型，并且 LSTM 模型效果要优于 BP 模型。LSTM 神经网络在处理时间序列的数据，特别是有序列相关或记忆性质的数据，比 BP 网络更擅长，如股价、机械振动信号等。值得注意的是，在图 7-6 和图 7-7 中的微小差异也会对真实业务有具体影响。例如在图 7-7 和表 7-3 中，使用自身历史需求和 InListen 邻居节点需求的滞后一期模型（b）与使用自身历史需求，InListen 邻居节点需求和 PageRank、聚集系数、入度信息的滞后一期模型（c）之间的 MSE 相差为 0.11。这个微小差异，对于大型电商、大型网站平台而言，由于产品数量巨大，预测的微小改进也会产生有影响的商业价值。

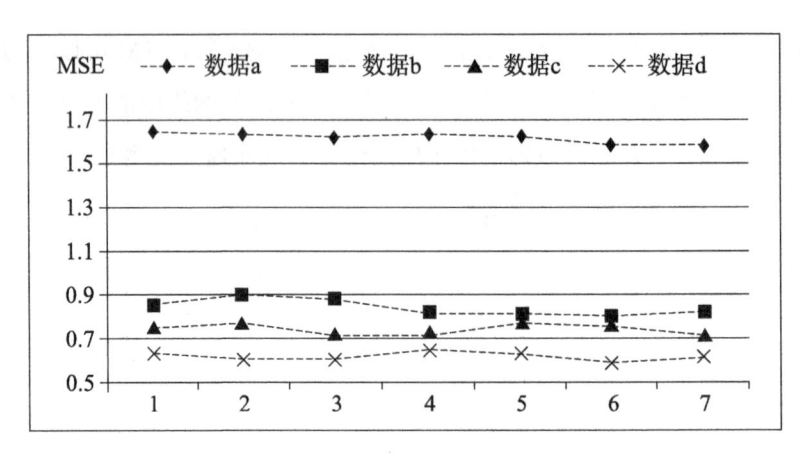

图 7-7　LSTM 神经网络 MSE

表 7-3　LSTM 神经网络 MSE

滞后期数	1	2	3	4	5	6	7
数据 a	1.63	1.62	1.61	1.62	1.61	1.57	1.57
数据 b	0.86	0.9	0.88	0.82	0.81	0.81	0.82
数据 c	0.75	0.77	0.72	0.73	0.79	0.77	0.71
数据 d	0.63	0.61	0.61	0.65	0.63	0.59	0.61

另外，我们把产品相似网络的层数向外扩张时，由于链接关系，产品网络使得需求可以在不同层级的网络之间进行扩散和传播，之前的研究发现节点受到冲击后，会引发相邻和不同层级的节点需求发生波动。例如，Carmi 等（2017）基于亚马逊的产品推荐系统构建了"共同购买"产品网络，研究了书籍在热门电视节目上的推介和《纽约时报》上大众媒体的书评所引发的需求冲击。他们发现，产品网络中受到外部需求冲击的扩散层级相对较浅，通常在网络层级的第三层需求的扩散影响递减到十分微弱，这种需求扩散在海量的产品中有实际的经济价值。因此，我们在数据 b、数据 c、数据 d 的基础上，增加从 1 到 4 层的相似歌曲邻居需求数据，以测试新增加的更多层级的歌曲邻居需求，这是否有助于提高其预测性能。但从 LSTM 预测结果来看，MSE 的结果并没有太明显的变化（表 7-4），有可能是研究的音乐产品网络不同于 CARMI 等人研究的书籍产品网络的特点。

表 7-4　LSTM 增加第 N 层相似歌曲邻居需求 MSE

N 层邻居音乐节点需求	1	2	3	4
数据 b	0.86	0.86	0.9	0.88
数据 c	0.75	0.78	0.75	0.73
数据 d	0.63	0.62	0.64	0.61

7.4　稳健性分析

稳健性分析，旨在检验模型的预测性能是否依赖于相似性产品网络结构的特点，或者是音乐播放量、音乐类型的特点。下面依次根据产品自身需求、邻居节点需求、入度、用户网络节点粉丝数量等做不同的分位数筛分训练输入数据，以便检查模型预测的稳健性。

图 7-8 和表 7-5 显示了根据歌曲自身播放量（Listen）的五分位数进行划分的输入数据。在 LSTM 网络模型的性能（图 7-9 和表 7-6）中，点代表 MSE 值，从图中可以看出，对于具有高播放量（Q5）的产品，所有模型的表现都要更好一些。一个可能的解释是，对于播放量已经很高的音乐，受各种推广因素而产生播放量上升到高峰的现象不太可能出现，这就使得其播放量相对比较平稳，因而在预测上会好于低播放量、需求波动比较大的歌曲。

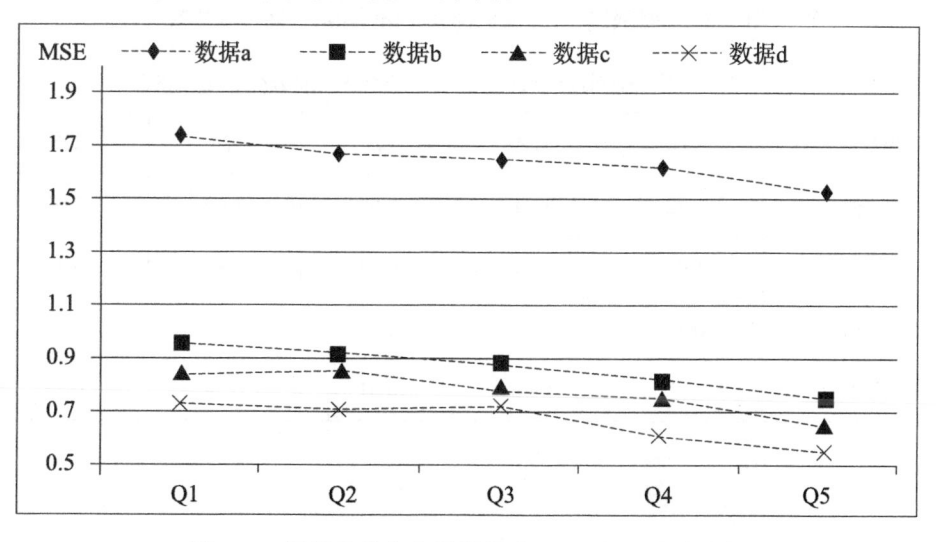

图 7-8　根据歌曲自身播放量（Listen）划分分位数

表 7-5　根据歌曲自身播放量（Listen）划分分位数 MSE

滞后期数	Q1	Q2	Q3	Q4	Q5
数据 a	1.73	1.67	1.65	1.62	1.53
数据 b	0.96	0.92	0.88	0.82	0.76
数据 c	0.85	0.87	0.79	0.76	0.66
数据 d	0.73	0.71	0.72	0.61	0.55

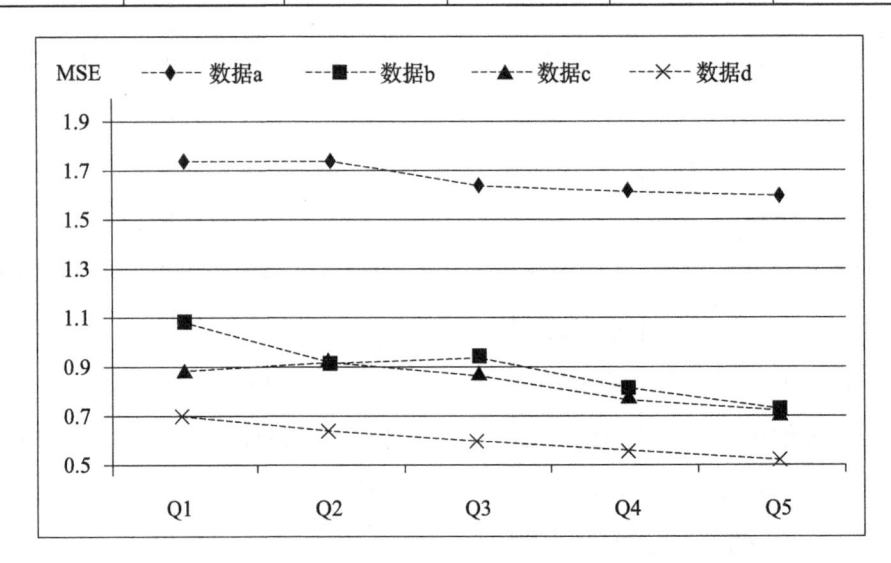

图 7-9　根据邻居节点歌曲需求（InListen）划分分位数

表 7-6　根据邻居节点歌曲需求（InListen）划分分位数 MSE

滞后基数	Q1	Q2	Q3	Q4	Q5
数据 a	1.72	1.72	1.65	1.64	1.61
数据 b	1.06	0.91	0.94	0.82	0.73
数据 c	0.88	0.91	0.85	0.78	0.72
数据 d	0.7	0.66	0.61	0.58	0.55

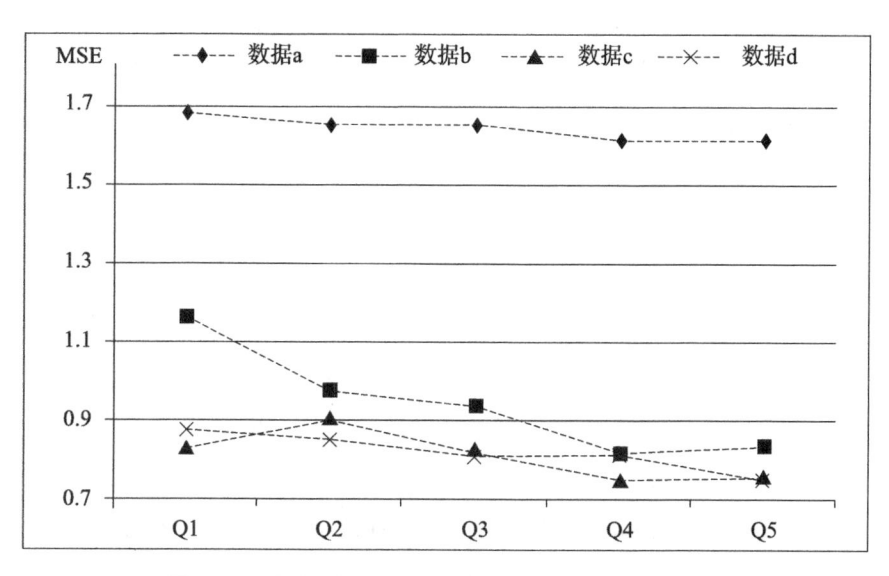

图 7-10　根据歌曲入度（Degree）划分划分分位数

表 7-7　根据歌曲入度（Degree）划分划分分位数 MSE

滞后期数	Q1	Q2	Q3	Q4	Q5
数据 a	1.68	1.65	1.65	1.61	1.61
数据 b	1.16	0.98	0.94	0.82	0.83
数据 c	0.84	0.91	0.82	0.75	0.76
数据 d	0.87	0.85	0.81	0.81	0.75

从图 7-8 到图 7-11 和表 7-5 到表 7-8 可以得出的总体结论是，使用基于音乐相似性网络和用户关注网络的信息模型，在所有五分位数上都倾向于做出更好的预测结果。图 7-12 和表 7-9 中显示了模型在不同音乐类型中的预测性能。一些歌曲类型，如摇滚音乐中的 MSE 错误率较高，有可能是由于样本量相对较小的缘故，这与之前的分析一致，使用相似性产品网络和用户网络信息进行预测可以提升模型的预测性能，且各个类型歌曲都有不同程度的提高。

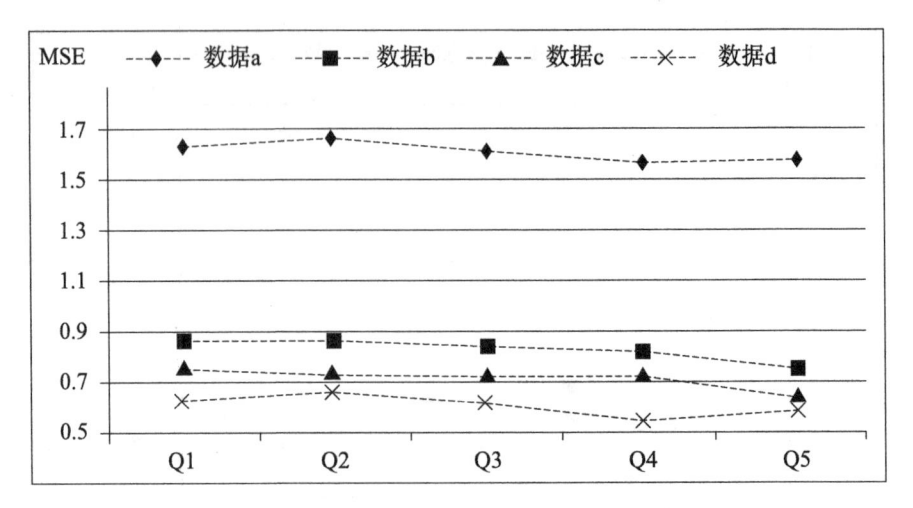

图 7-11　根据用户网络粉丝数量（USERFans）划分分位数

表 7-8　根据用户网络粉丝数量（USERFans）划分分位数 MSE

滞后期数	Q1	Q2	Q3	Q4	Q5
数据 a	1.64	1.65	1.61	1.57	1.58
数据 b	0.87	0.87	0.83	0.81	0.76
数据 c	0.74	0.72	0.71	0.71	0.63
数据 d	0.63	0.65	0.61	0.52	0.57

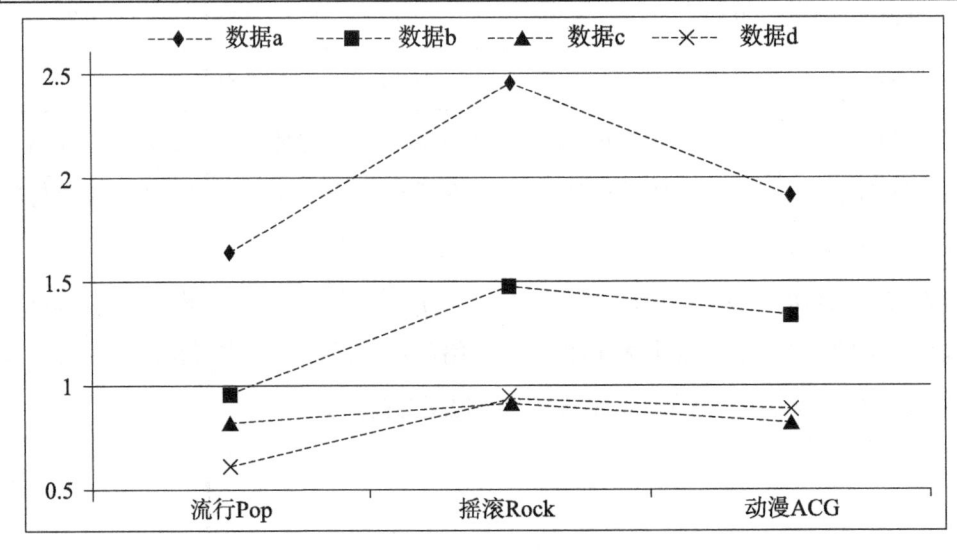

图 7-12　不同类型歌曲 MSE

表 7-9　不同类型歌曲 MSE

滞后期数	流行 Pop	摇滚 Rock	动漫 ACG
数据 a	1.64	2.45	1.91
数据 b	0.95	1.47	1.34
数据 c	0.82	0.92	0.81
数据 d	0.61	0.94	0.88

7.5　结论及意义

Oestreicher-Singer 和 Sundararajan（2012）的研究表明，可见的共同购买产品网络对产品需求有明显影响。本章的研究回答了一个不同的问题，即是否可以基于动态的双层网络来预测需求的变化，具体而言，是否可以使用产品相似网络和用户网络信息来提高预测的准确性。在我们研究的音乐分享平台所形成的相似性音乐网络中，推荐链接的含义不同于用户网络中的社会成员之间的交互行为，而是代表了产品之间共同的相似因素，包括用户的共同选择行为。由于个体的从众心理（Conformity Effect），不仅喜欢那些和他想法一致的人，而且还喜欢那些和他在选择和行为上一致的人。在某音乐平台，推荐歌曲之间的相似链接是基于产品之间的相似性，如歌曲属性，同时还包含了用户偏好、用户选择行为等方面的相似性，因此推荐的相似音乐之间的需求会相互影响。研究结果表明，与基准的预测相比，在预测中放入的相似音乐邻居节点的需求信息及网络属性，如PageRank、度中心性和局部聚类系数，都会增加用户网络相关信息，如粉丝数量、用户入度数，并改善产品需求的预测效果。

我们挖掘了相似性音乐产品中所包含的预测性信息量，并且把用户粉丝社交链接信息考虑了进来，从单一网络的研究拓展到对双层网络的研究，扩大了复杂网络工具在电商、音乐等平台应用的分析范围。预测结果具有明显的商业意义，对于在线电商平台或音乐平台，由于产品规模庞大，预测性能的微小提升也可能带来运营效率的明显提高。随着移动互联网、社交媒体技术的快速发展，大量的用户与用户、产品与产品、用户与产品之间的链接关系日益紧密，加强了人与人、人与物、物与物的联系，同时也使得对这些联系的分析变得更为重要。在更智慧的营销管理或产品供应链管理中,可以通过网络分析来更好地管理产品需求,提升运营效率,从而增加收益。

目前的研究还存在很多局限,未来的研究中可以从如下方面进行扩展。①利用网络结构进行社群发现,在用户网络中识别出具有相似音乐偏好的社群,为精准营销提供依据。②利用双层网络分析结果改进推荐算法,提升用户体验和平台收益。③探索用户与产品之间未来可能出现的链接,进行链接预测,即预测用户可能感兴趣的新产品。④分析在音乐平台或电商平台上,哪些用户或产品具有较强的影响力,能够对其他用户的选择产生显著影响,通过影响力分析对重要节点进行把控。此外,研究随着时间的推移,用户偏好和用户网络结构如何变化,以及这些变化如何提高产品的流行度,通过构建更适合的模型进行预测性分析,识别出提高产品流行度或用户偏好的关键因素,分析电商、音乐等平台中的大量产品信息,预测产品流行度或用户偏好,以期提升运营效率和增加收益,为在线电商平台或音乐平台提供运营决策支持,帮助企业在激烈的市场竞争中占据有利地位。

第 8 章　基于双层网络视角的重要节点识别研究

8.1　研究背景

人们发现许多复杂网络都具有社团结构，即在网络社团内部节点之间联系紧密，而在社团外部社团之间节点联系相对稀疏。对不同网络结构信息挖掘是管理科学、复杂系统研究的重要方向，其核心是研究如何快速、高效地从大规模网络中挖掘出有价值的信息（范晓亮等，2023；郑文萍等，2016；郭婷婷，2019）。对节点重要性进行分析的是链接分析算法，该算法由 Pinski（1976）提出，使用矩阵对链接关系建模，通过求解矩阵特征值问题，帮助分析节点权重。例如，谷歌的 PageRank、LinkedIn 工作推荐等均使用了链接分析算法。

在推荐产品网络中，重要产品节点带动整个网络需求量。传统方法是按照商品自身销量或播放量进行排序的，忽略了产品之间的相互联系，不盈利的产品很难得到充分重视，然而部分不盈利的产品却能够带动其他商品的销售，这样的产品同样也是重要的，但传统的研究方法无法解决这类问题。因此，本研究需要考虑及量化内容产品之间的相互影响，进而挖掘对其他产品有较强需求溢出效应的重要节点，通过对重要节点进行投入和引导，进而带动整个网络溢出效应最大化，并提升整个网络的流量。本研究通过拓展社团理论提出商品社团的概念（刘外喜，2017），旨在利用社团理论对电商及内容平台链接进行挖掘。其中，社团被定义为不重叠的节点组合，它使得组内的边比社团之间的边多（图 8-1）。

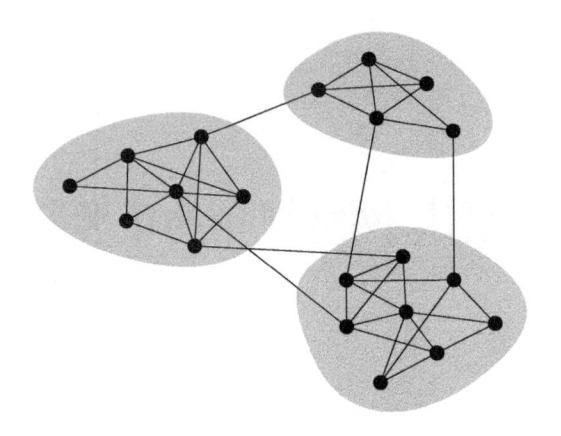

图 8-1　商品社团

8.2　算法模型

本研究基于好看视频等数字内容平台，采集共看、相似推荐链接，构造共现网络与相似性网络，根据商品社团概念，通过介数、聚类系数、模块度（Modularity）挖掘在线内容产品社团结构，目前结构划分有很多算法。

1. GN 算法

GN（Girvan-Newman）算法是一种分裂算法，依据边不属于社团的程度，逐步删除不同社团的节点之间的连接，最终将网络拆解成彼此独立的社团。它的基本思想是逐步删除网络中不属于任何社团的边，从而实现对网络的划分（Lancichinetti，2009）。

2. Louvain 算法

与 GN 算法不同的是，Louvain 算法是一种贪婪算法，由 Blondel（2008）等人提出，是基于模块化，进行局部优化的层次凝聚方法。它的目标是最大化网络的模块化程度，从而揭示出内在的社团结构。它通过局部优化来快速寻找社团结构。

3. FN 算法

Newman 在 GN 算法基础上提出快速模块度优化 FN 算法。FN 算法的基本原理是初始化时将每个顶点看作一个独立的社团，然后通过贪婪的方式选择使模块度增加最大的两个社团进行合并。这个过程重复进行，直到形成一个大的社团或无法再通过合并增加模块度为止。

借鉴社团发现思想，本研究通过初始节点采集相关推荐视频、构造产品网络，然后分析多期网络之间的关系。本研究借鉴 PageRank 思想和网络稳定性（Network Overlap）指标对内容产品重要程度的排序进行研究。基于 PageRank 算法，一个内容之所以重要，除了它自身因为内容的吸引力能够带来相应流量外，更重要的是它能带动其他关联内容的流量，有溢出效应进而促进网络整体流量的提升。网络稳定性（Network Overlap）指的是在多期动态产品网络中，稳定、重复出现的稳定性产品、一些内容产品，类似经典歌曲、经典电影，其影响是长期的。找到经典内容产品，将有助于我们开展预测分析。此外，在"产品-用户"双层网络情景下，我们在分析内容节点重要性时还需要考虑内容创作者的社交影响力，由于用户网络的作用，用户与产品之间的链接增加、联系增强，这对于协同过滤等推荐算法，产品相似性在计算时会有更多用户数据，这会使产品推荐链接更加准确。在内容平台，用户在创作和互动过程中，建立了自己的社交网络圈子，并与其他用户形成社交互动，对内容节点有重要传播影响。

因此，本研究提出的算法流程如图 8-2 所示。

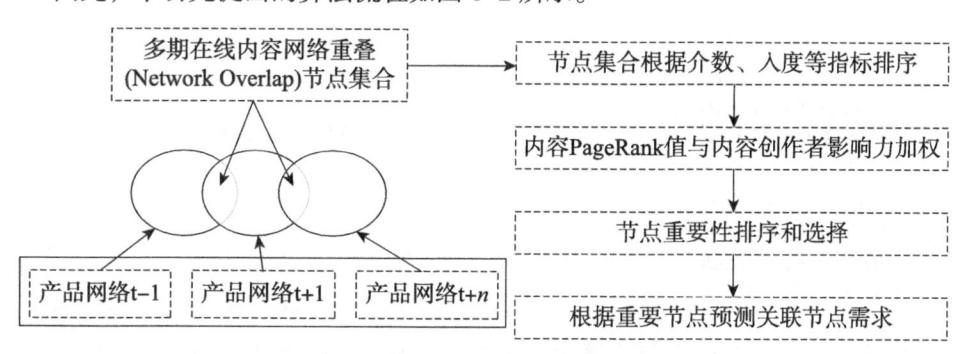

图 8-2 重要在线内容节点识别流程

8.3 实验分析

本研究以视频平台的数据作为研究对象，通过爬虫程序，分频道采集包括生活、美食、科技、汽车、旅游等视频内容，对视频本文选取创作者粉丝数量、播放次数、评论数量、收藏量等维度，并通过相关推荐视频进行遍历。

本研究聚焦某视频平台小范围数据，实验采集平台的某个频道中的视频，考虑 7 天的时长，将采集时间定为 2023 年 11 月 2 日至 2023 年 11 月 8 日，总共采集样本节点 25832 个。我们通过对采集视频进行数据分析，构造不同时期内容网络，并基于产品网络内容，在考虑到实际数据限制的情况下，简化了前述研究。同时，我们计算了不同期网络中重叠部分内容节点，然后根据不同节点的 Pagerank 值、介数（Betweenness Centrality）及内容节点所属用户的粉丝数量信息（Fans）、播放量（Play）、评论数量（Review），对结果数据进行如下加权处理：

Rank=Pagerank+Ln（Degree）+Ln（Fans）+Ln（Review）+Ln（Play）（8-1）

以三农频道视频节点为例，相关节点计算后进行排序结果如下（表 8-1）。

表 8-1 部分节点排序

节点排序	视频名字	播放量/万次	播主名	粉丝/万	点赞数	评论数	介数	PageRank
1	×××生吃不好吃	3.9	××兄弟美食	11.6	668	330	0.31	1.56
2	你敢相信吗？××窿里捕上来×××了	2.4	××户外直播捕鱼	9.8	568	234	0.16	1.54
3	××从河沟拽出一条不明生物	1.9	摸×小能×	8.5	575	214	0.18	0.92
4	一大早××冰凉的××，带着学生们来采这株××××	3.1	××新说	7.8	378	224	0.12	0.85
5	退潮后阿×来赶海，遇到了在××的×××，还抓到了好多有趣的××	2.1	×民阿×	4.3	315	235	0.13	0.68

从数据看，相关节点普遍播放量比较高，所属创作者粉丝数量也比较大，用户在网络中的介数中心性相对越大，用户在社交网络中对信息资源的传递控制能力就越强，因而对其他视频节点的影响力就比较大。根据结构洞理论，Burt（1994）认为，介数中心性高的个体拥有信息优势和控制优势，进而可以控制其连接的其他个体并获得中介利益。结构洞理论认为，社会网络中的某个个体和其他一些个体发生直接联系，但这些个体互相之间不发生直接联系，即无直接联系或关系间断的现象，从网络整体看，好像网络结构出现了洞穴。本研究的结论可以从一定

程度上帮助平台识别重要的视频内容节点，帮助平台改善用户浏览、商品比较和广告推送等方面的性能。

由于数据限制，本研究没有进一步的预测分析，由于不同内容节点的播放量差异比较大，所以本研究的部分节点代表性也有不足。未来需要进一步拓展到不同类型的商品、扩展数据源，验证实验结果存在差异，以发现普适规律。本研究采用了视频粉丝数量、播放次数、评论数量、收藏量等维度，未来可以进一步扩展维度数量，如内容的空间维度、内容话题、情感特征等。此外，在本研究的基础上，未来可以通过考虑对多层的网络建模进行深入研究，具体包括：用户网络，以用户网络中参与讨论的社交主体即用户为节点，用户之间的关注关系为边；内容网络，以用户网络中用户发布的内容为节点，平台用户之间存在点赞、互评等关系构建连边；话题网络，以从用户网络发布内容抽取的话题为节点，包含相同关键词话题的相似性关系构建连边；情感网络，以从用户生成内容中提取的情感极性和情感强度为节点，具备相同的情感极性表明存在相关性，从而构建连边。

第 9 章 研究结论与管理启示

本研究基于相似性角度，分析了产品网络、用户网络、耦合关系特点，并探讨其经济影响和价值；聚焦于"相似性"概念，从理论和实证角度分析了相似性产品网络特性对平台需求的影响，检验了外部冲击在产品网络中的溢出和扩散效应，探索了内容平台中评论者群体行为数据的影响，构建了基于双层网络的预测模型，分析了双层网络中节点重要性问题，在理论和实践层面对于平台决策提供了有价值的参考。对在线电商或内容平台而言，推荐链接不需要仅针对单个节点投入，而是需要面向整体产品网络和用户网络，在线平台需要管理好产品链接关系，优化产品网络结构，同时还要考虑产品和内容的同质性与异质性平衡、多模态数据、用户群体特征和演化特点等方面。

9.1 研究结论

基于前面章节实证分析，本研究主要结论包括如下几点。

（1）建立了基于双层网络结构的产品价值模型、分析了双层网络耦合关系及其对需求影响机理。在电商和内容平台的多层异构网络中，通过不同层之间产生联系，多层网络相互影响和作用产生了耦合效应。这种耦合效应可以影响用户行为偏好，提高用户搜索效率。因此本研究建立了基于双层网络结构的产品价值模型，在双层网络背景下，产品价值包括内在价值与网络价值，其中内在价值指的是产品自身特性所带来的需求价值，如质量、功能和设计，而网络价值是指产品由于外部推荐链接及用户社交关系所带来的额外流量和需求，这种价值通过用户的互动和分享得以放大，增强了产品的用户黏性。进一步，本研究建立了网络链接优化模型，通过优化链接关系结构，使得网络整体的价值和效用最大化。本研究分析了双层网络耦合关系及其对需求影响机理和效应，分析了在平台的不同发展阶段，用户社交链接和网络构建的变化对产品推荐的影响，产品网络对用户网络形成的促进作用，以及双层网络特征变化对产品价值、用户行为偏好的影响，进一步探讨了双层网络对用户需求影响的"数量效应"和"品味效应"等作用机理。

（2）挖掘了相似性产品网络特点及需求效应。尽管大量研究表明评论对产品销售有显著影响，但很少有研究探讨相关产品评论的影响效应。在本研究中，基于复杂网络理论，我们构建动态相似性产品网络，分析不同推荐机制下的产品网络分布、特点，建立实证模型评估产品网络结构对需求的影响，量化相似链接的商业价值。与以往侧重于评论量和评分的研究不同，本研究侧重于产品评论的语义相似性。本研究通过分析用户生成内容（UGC）和专业生成内容（MGC）中的产品评论内容，发现评论的语义相似性对相关产品需求有显著影响。具体而言，相似性较高的评论能够增强消费者对产品的认同感和熟悉感，从而提高购买意愿。产品描述的相似性同样对需求产生重要影响。当推荐产品的评论与产品描述高度相似时，这种高相似性有助于消费者快速理解和接受产品信息，从而促进购买决策。我们研究还发现，专业生成内容（MGC）的评论相似性对搜索商品需求的影响比用户生成内容（UGC）更为显著。这表明消费者在面对搜索类商品时，更倾向于依赖权威和专业的信息源。通过本研究，我们为产品网络的经济影响增加了理论贡献。此外，我们还通过检查相似产品评论对需求的溢出效应，为在线产品评论领域的文献做出了新的贡献。

（3）量化分析了外部事件冲击所引发的需求波动在双层网络中的扩散特点。基于某平台实证数据分析表明，图书网络中外部需求冲击的影响大约在三层产品网络之内。这意味着，当一个产品受到需求冲击时，这种冲击最多影响到与之关联的第三层产品。到第四层时，冲击的影响已经不再显著。因此，对于平台而言，当了解需求冲击的传播路径和深度，可以帮助企业更有效地管理库存，避免因需求波动导致的库存积压或短缺，对于直接受到外部需求冲击的产品，平台需要更加灵活的库存管理和价格调整策略，确保库存水平与市场需求相匹配。平台可以通过分析需求冲击的传播规律，制定更精准的营销策略；针对受影响较大的产品进行重点推广，提高产品的曝光率和销售量；对于那些位于影响层次内的产品，充分分析产品关系，更精准地推荐相关产品；可以充分利用产品网络的扩散效应，优化推荐链接；通过分析产品关系，更精准地推荐相关产品，增加销售机会，提高整体网络的价值和效用。

（4）研究了内容平台粉丝群体多样性、偏好相似性等因素对内容产品扩散的作用。我们的研究首次尝试从两个维度来分析评论者的同质性，包括偏好同质性（选择型同质性）和互评内容（诱导型同质性），多维度的分析方法有助于更全面地理解用户行为和互动对产品需求的影响。基于对 6000 多条评论数据的分析，我们发现评论内容中的情感相似性对用户的观看体验有显著影响，如果评论中的情感倾向一致，无论是正面还是负面，都会对用户的观看体验产生影响。此外，我们也发现当评论中包含多种观点和情感时，能够吸引更多的用户关注，从而增加对视频的观看需求。通常，负面评论可能会对需求产生不利影响。然而，研究表明，包括消极和积极评论在内的更多样化和差异性的评论情绪实际上会增加视频的观看需求。研究有助于增强对评论者在产品扩散中的同质效应的理解，帮助在线视频提供商更好地管理在线评论，有针对性地关注评论文本的多样性。

（5）挖掘了内容平台双层网络中链接所蕴含的预测价值以及对重要节点进行识别。一方面，本研究通过将音乐推荐网络中的预测性信息量与用户及粉丝之间的社交链接相结合，拓展了复杂网络理论在电商和音乐平台的应用范围。本研究从单一网络拓展到了双层网络，双层网络分析不仅深化了对消费者行为的理解，还为在线电商平台和音乐平台提供了强有力的工具来优化运营效率。对于在线电商或音乐平台而言，由于产品规模庞大，预测性能的微小提升也可以带来收益的明显增加。另一方面，本研究对双层网络中节点重要性进行了研究，从实证分析中可以发现，用户在用户网络中的介数中心性越大，他们在用户网络中对信息资源的传递和控制能力就越强，从而对其他视频节点的影响力也越大。平台可以通过分析介数中心性和结构洞来识别网络中的关键节点，即那些在信息传递中扮演桥梁角色的用户或创作者。与这些关键节点建立合作关系，例如通过提供更好的曝光机会、激励机制或直接的合作，可以促进内容的有效传播。

此外平台可以利用介数中心性指标，改进其推荐算法，优先展示那些能够最大化信息传播的视频内容。这不仅可以增加用户的参与度，还可以提高新内容的可见度和接受度。

相关研究仍存在许多不足和局限，由于数据及平台限制，研究对于不同平台、不同产品、不同模态 UGC、大规模双层网络复杂动态演化特征等方面研究不足，未来研究可以拓展数据维度，包括内容的地理空间维度、内容话题、情感特征等，可以提供更丰富的信息用于分析和预测，展开多模态数据分析，分析用户在移动端产生的多媒体数据，例如视频、音频、图像等，结合文本数据进行多模态融合分析，考虑多层的网络建模，如社交网络、内容网络、话题网络和情感网络，可以深入理解用户行为和内容传播机制，进一步拓展到不同类型的商品、不同平台、不同推荐机制，扩展数据源，以发现更一般的规律，提高研究的泛化能力，此外还可以拓展时间维度。研究随着时间的推移，推荐网络、用户偏好和用户网络结构如何变化，以及这些变化如何影响产品的流行度。

9.2 管理启示

本研究的实证结论在管理实践中具有重要意义。对于平台商而言，他们需要综合考虑库存、价格决策及产品之间的链接关系。在制定库存和价格策略时，平台商应考虑到外部需求冲击的影响层次。对于直接受到冲击的产品，他们需要更加灵活的库存管理和价格调整策略，以应对可能的需求波动。

9.2.1 优化平台链接和网络结构，加强可见性、复杂性管理

（1）优化平台网络结构，提升链接质量。对于运营企业而言，需要改进平台双层网络的拓扑结构，通过增加节点之间的连接密度和多样性，可以提高平台的连通性和稳定性。评估网络结构的性能，并根据评估结果进行优化，确保平台中的产品链接具有高质量和可靠性。建立链接的质量评估机制，定期检查和更新链接，确保链接的有效性和可信度。改善链接广度和深度，从链接广度看，双层网络帮助用户链接更多的人和更多不同类别的产品，促进了用户兴趣多样化。从连

接深度看，相似、相关的产品，潜在关联产品之间形成了紧密连接，连接比较密集则聚合成一个团体。分析产品关系，更精准地推荐相关产品，增加销售机会。平台可以围绕相似性、互补性和差异性等特点优化推荐链接，完善产品网络结构，控制聚类系数、入度/出度、模块度等指标，增加关键产品的关联链接，并优化产品分类和标签系统，使产品之间的关联更加清晰和有用。

（2）加强可见性管理。在用户网络中，内容的可见性对创作者而言至关重要，因为它直接关系到用户注意力的获取，是其流量与收益的根本。在平台化生产模式下，内容可见性成为竞争的关键，更多的曝光度意味着更高的收益。内容的标题、描述和关键词也会提高内容在搜索结果中的排名。此外，内容的链接关系会影响其曝光度，链接与可见性相互影响：曝光度高的内容容易产生连接，而有连接的内容通过交互更容易提升可见度范围。在用户网络中，链接不仅是信息的载体，更是构建内容生态的纽带。高质量的外部链接可以为内容引入新的流量，而内部链接则能有效促进用户深入探索，增加页面停留时间，进而提升整体可见度。此外，算法通过对内容进行分类、关联和排序会影响内容的链接，进而影响其可见性。因此，在考虑可见性的情况下优化算法显得尤为重要。

（3）加强平台复杂性管理。大型电商、内容平台，例如，某电商平台商家有几百万、用户数量几亿，产品网络和用户网络的结构通常较复杂，包含大量的节点和链接。随着时间的推移，面对海量产品及和用户，平台复杂性凸显，而复杂性与平台规模相关性较大。因此，为了有效管理复杂性，在不同阶段需要合理规划，对产品和用户规模进行预测，然后进行合理调控对平台管理具有重要意义。平台层次结构的优化也是管理复杂性的关键。通过建立明确的分类系统和提供标签筛选功能，可以帮助用户根据特定属性快速定位内容，从而提高内容的可管理性和用户的浏览效率。采用模块化设计理念，使得每个模块可以在不同分类和层级中灵活使用，进一步提高了内容的管理效率。平台也可以提供标签和筛选功能，使用户能够根据特定属性快速定位内容，建立明确的分类系统，将相关内容或功能进行分组，这有助于用户更快地找到所需信息，并提高内容的可管理性。此外，采用模块化设计理念，使得每个模块可以在不同分类和层级中灵活使用，提高内容的管理效率。

（4）优化双层网络结构，适应外部需求冲击。由于不同产品特性会影响到扩散深度，因此在设计链接时要考虑到扩散减弱的特点，控制好链接深度和层级。对于影响范围较小的产品，可以适当减少链接深度，以避免资源浪费和用户混淆。此外，平台应持续监控外部需求冲击对产品网络的影响，并根据数据分析结果动态调整策略，包括实时跟踪需求变化、用户行为和市场趋势，以便及时做出响应。加强与其他平台或合作伙伴的数据和资源共享，可以获得更全面的市场信息和用户需求洞察。这有助于平台更准确地评估外部需求冲击的影响，并制定相应的应对策略。

9.2.2 针对平台发展阶段，加强用户同质性和异质性管理

随着时间推移，在线平台业务在不同发展阶段如何动态地管理产品网络、用户网络带来的影响是值得关注的问题。在线平台在不同发展阶段确实需要采取不同的管理策略，以适应用户群体和市场需求的变化。在平台发展初期，由于用户规模相对比较小，还未形成社区氛围，用户社交关系还未广泛形成，产品推荐关系是影响用户选择的主要渠道，因此为了增加用户对平台的黏性和忠诚度，需要加强相似性或同质性管理。由于平台发展初期，用户之间不熟悉，用户对产品也还不够了解，因此需要借鉴同质性管理思想，从关系建立角度，促进用户之间，用户与产品之间的关系形成。例如，朋友关系中，彼此性格、爱好、价值观相似的个体更容易产生信任，其关系也更融洽。通过创建共同兴趣的社区，促进用户之间的互动，帮助用户找到志同道合的朋友，从而增强平台的吸引力。增强平台社区氛围，通过组织线上线下活动、讨论区等方式，鼓励用户参与，逐步形成活跃的社区氛围。因此，在平台发展初期，需要加强同质性管理。在平台发展初期，可以通过创建共同兴趣的社区促进用户之间的互动，这有助于形成用户群体，增强平台的吸引力。

随着平台的发展用户之间建立联系，从陌生人变成朋友，随着时间推移，在平台发展中后期，由于受朋友影响，用户变得日益相似。由于过度相似，导致用户被限制在一个小圈子，很难得到差异化的信息，由此导致"信息茧房"现象，而大量重复的、相似信息导致用户需要大量精力才能从中筛选出真正需要的信息。

在电商、在线内容等平台，大规模信息、产品扩散必然需要突破圈层之间的隔阂进行传播，由于同质性导致的圈层化使得信息、产品更容易在联结较为紧密以及同质化较为明显的小圈子内进行传播，而难以突破圈层的限制。因此，在平台的中后期，考虑到"信息茧房"现象的限制，需要加大异质性管理，发挥异质性和多样性的优势。随着平台的发展，用户数量增加，用户群体更加多样化，需求也会随之变化，因此根据用户的行为和偏好提供个性化的内容和服务，扩展多元化内容，以覆盖更广泛的主题和兴趣点，吸引不同背景和需求的用户。此外，还需要加强多元化推荐，根据用户的行为和偏好提供个性化的内容和服务，扩展多元化内容，覆盖更广泛的主题和兴趣点，吸引不同背景和需求的用户并且允许用户自主控制，提供用户更多的控制权，允许他们调整推荐偏好，以打破现有的信息茧房，提高用户对推荐算法工作原理的透明度，引导用户如何寻找和消费多样化的内容；加强社交多样性，在用户网络设计中引入多样性机制，促进用户与不同背景和观点的人建立联系，平台推荐需要在提升用户体验和防止信息茧房之间找到平衡，确保用户能够获得既有价值又多元的信息。提高算法透明度，增加推荐算法的透明度，帮助用户理解算法推荐内容的背后机理。总体而言，通过在不同发展阶段适时地调整同质性和异质性管理策略，平台可以更好地满足用户需求，促进平台健康和用户数量可持续的增长。

9.2.3 促进平台网络融合，发挥多层网络协同作用，控制马太效应

发挥多种网络协同效应是一种有效的战略手段，它能够在不同层面上增强平台吸引力和竞争力。网络效应已经成为塑造互联网平台成功的核心要素之一。平台崛起不仅依赖于直接网络效应，即每个新用户的加入都为现有用户带来更大价值，而且还得益于数据网络效应的强大推动力，即用户与产品交互日益增加而带来的数据规模增加，进而提升推荐算法性能。随着用户基数的不断扩大，每个新用户的加入都能为其他用户提供更丰富的社交联系和内容分享机会，从而增强了平台的整体吸引力和用户黏性。这种正向循环促使更多用户加入，进一步巩固了平台的市场地位。随着用户与产品交互产生的数据不断增加，平台基于数据的算法性能不断得到改善，能够精准把握用户偏好和行为模式，为用户推送个性化、

相关性强的内容。这种数据驱动的内容推荐策略不仅提升了用户体验，也增加了用户在平台上的停留时间和活跃度，进一步增强了平台的竞争力。因此，平台需要协调好不同网络的融合，促进整体网络效应最大化。

（1）发挥优化产品网络，控制马太效应。对平台而言，单纯依赖推荐算法和产品网络，有可能导致"马太效应"，使得热门内容越来越热，而非主流的长尾物品和内容，却得不到足够的曝光。由于算法的形成依赖于用户数据，而这些数据本身就存在偏差，那么推荐结果也可能会复制甚至强化这些偏见，推荐系统往往倾向于推广那些已经受欢迎的热门内容，因为这些内容更容易获得用户的点击和互动。为了控制马太效应，平台可以采用算法调整，在推荐算法中加入时间衰减因子，可以降低旧内容在推荐中的权重，使新内容有更多机会被用户发现。这对于那些快速更新的内容领域尤为重要，确保用户能够接触到最新的信息和趋势。平台也可以实施多样性推荐策略，例如通过限制来自同一作者或同一类型内容的连续推荐，这样避免用户陷入单一类型的内容泡沫，鼓励用户探索不同类型的题材和观点。此外，平台增强用户控制与反馈机制，允许用户更直接地对推荐内容进行反馈，比如通过不喜欢按钮或内容偏好设置来告诉系统哪些类型的内容他们不感兴趣，系统根据反馈调整算法，也可以个性化定制，允许用户根据自己的兴趣和偏好定制推荐内容，提高推荐的相关性和满意度。平台还可以通过编辑精选与专题推广，通过人工编辑精选和专题推广等方式，为长尾内容提供更多曝光机会。这不仅可以帮助用户发现更多有价值的内容，还可以丰富平台的生态多样性，鼓励用户通过社区互动和社交分享来传播长尾内容，增加其曝光度和影响力。

（2）发挥用户网络渠道作用，促进多元化推荐。随着用户网络的发展，在产品页面之间相互链接所形成的信息空间基础上，多了用户链接与交互空间，信息空间和用户空间融合是当前的发展趋势。双层网络使得出现层与层之间的相互作用即层间连接，不同层间连接会造成多层网络整体动力学特性的不同结果，层间相互作用会影响口碑和信息的扩散。在用户网络结合的模式下，用户获取产品不仅仅通过搜索，而是基于社交关系进行传播，每个社交节点均可以成为流量入口，产品质量好则可以通过口碑进行传播，这有助于长尾产品的发展。随着用户网络的发展和融入，用户之间的互动变得更加频繁和紧密，产生的数据也更为丰富多样。这些数据为推荐算法提供了更多的学习材料，使得算法能够更准确地理解用户的偏好和需求，进而提升推荐的准确性和个性化程度。平台可以加强社交功能，鼓励用户建立和维持社交关系，通过设计激励机制（如积分、徽章等）促进用户互动，结合用户网络数据和传统推荐算法，开发更加智能化的推荐系统，能够理解用户的社交偏好和群体影响，提供便捷的分享工具，让用户可以轻松地将感兴趣的产品或内容分享到社交平台，扩大影响力，持续监控用户网络中的舆论动态和用户反馈，及时调整推荐策略，确保内容的多样性和质量。平台还可以利用用户网络中的介数中心性指标，可以改进其推荐算法，优先展示那些能够最大化信息传播的内容。这不仅可以增加用户的参与度，还可以提高新内容的可见度和接受度。

（3）加强产品网络与用户网络耦合关系，增强溢出效应。优化算法和推荐网络，加快促进用户网络和兴趣群体的形成，促进用户评价产品、引导相似兴趣的用户建立联系，通过用户与产品建立联系，增强产品网络与用户网络耦合程度，激励用户评论互动或参与相同的兴趣小组，鼓励用户围绕特定产品或兴趣形成互帮互助的社群，分享使用体验和购买建议。培育明星社交节点，利用节点广泛的连接关系带动其他用户，增强社区氛围，通过粉丝方式，扩大产品或内容在用户群体中的影响范围。随着用户网络的发展，当平台的社区氛围和偏好逐渐形成时，产品和内容信息在用户网络中的溢出效应也会更加明显。为促进产品与社交的融合，平台可以在产品设计中融入社交元素，如允许用户在购买后分享心得，或在产品页面直接展示相关社交讨论，可以将产品网络与用户网络的数据和功能进行整合，使用户能够在不同平台间无缝切换，享受一致的体验，深入分析用户在用户网络上的行为和偏好，将这些洞察应用于产品推荐和营销策略中。两种网络联系增强，有助于用户快速找到相关内容，提高了推荐效率，由于连接节点规模扩大带来相应的价值增长。此外，从某种角度看，产品网络中的溢出主要是相似性和同质性溢出而用户网络溢出接近多样性、差异性溢出，由于用户的兴趣多样，而基于用户网络，用户交流、分享过程中的产品需求溢出，更多是多样性、差异性的需求。平台可以结合用户的用户网络数据，推荐多样化的产品和内容，满足用户的不同需求，制定差异化营销策略，针对不同的用户群体和兴趣小组，制定差异化的营销策略，提高转化率，鼓励用户创作和分享内容，这些内容往往更贴近用户需求，也能够激发更多的需求溢出。因此，加强两种网络的协调和耦合，有助于增强不同类型的需求溢出效应。

9.2.4　培养优质社群氛围，增强用户参与度和归属感

在用户网络中，除了常见的、用户和用户之间直接的社交网络关系，还有一种关系，即两个用户属于同一个社群。在算法推荐时，不仅考虑用户直接的社交关系，也可以利用两个用户加入的社区重合度计算用户相似度。因此，建立社群、培养社群氛围是平台发展的重要方面。良好社群氛围可以提高用户活跃度和促进平台持续发展。平台可以建立具有黏性的社群以增强用户黏性和忠诚度。需要明确社群的定位和目标，提供有价值的内容、互动和服务，让用户对社群产生强烈的认同感和归属感，并愿意持续参与社群的活动。具体可以从如下方面着手。

（1）明确社群定位和目标。确保社群有一个清晰的定位和目标，这样成员才能知道他们加入社群的目的和期望。社群目标不仅是对外展示的愿景，更是内部凝聚共识、激励成员的关键所在。这些目标可以是长期的战略规划，如促进特定领域的知识共享；也可以是短期的活动安排，如组织线上讨论、活动和线下聚会等。明确的目标让成员明白加入社群后可以期待的成长路径和实际收获，增强了归属感和参与感。同时，目标也是衡量社群发展成效的重要标尺，有助于运营团队及时调整策略，优化内容输出和服务提供。明确的社群定位和目标，帮助社群在众多竞争中脱颖而出，吸引志同道合的成员，还可以激发内部潜力，促进成员间的深度互动与共同成长。

（2）培养积极的社群文化。在构建一个充满活力、凝聚力强的社区时，培养一种积极的社群文化是至关重要的。这不仅关乎社区的氛围和成员之间的互动方式，更是增强成员归属感和认同感的关键因素。一个积极健康的社群文化能够激发成员的热情，促进深度交流与合作，从而显著提升成员的忠诚度。平台社区需要定义一套清晰的核心价值观，这些价值观应当反映社群的使命和愿景，并且能够得到大多数成员的认可，通过定期举办活动或发布内容来强化这些价值观。平台还可以发挥榜样作用，领导者和活跃成员应该成为践行这些价值观的最佳典范，

在日常互动中展现出积极正面的态度,以此鼓励其他成员跟随效仿。平台还需要考虑建立安全环境,创造一个让每个人都感到被尊重和接纳的空间非常重要,制定相应的规则以确保讨论保持友好、建设性,避免任何形式的欺凌行为,主动邀请成员分享他们对于社群的看法以及改进建议,同时也要给予及时响应和支持,让大家感受到自己的声音是被听见且重视的。

(3)设立奖励机制,营造社群氛围。通过为积极参与社群活动、贡献优质内容的成员提供奖励或荣誉,激发他们的积极性和创造力,通过积分、徽章、排行榜等方式奖励用户参与。平台可以设计积分与徽章系统,为积极参与社群活动、贡献优质内容的成员提供积分和徽章作为奖励。这些奖励不仅可以激励用户的积极性和创造力,还能让他们在社群中获得认可和尊重。平台还可以设立贡献榜或活跃榜,定期更新并展示在社群显著位置,鼓励成员之间的健康竞争。此外,平台也可以通过构建正能量话语体系,即制定一套积极向上的话语体系,鼓励互相支持和分享的氛围,让成员感受到社群的人文关怀和归属感。打造兴趣小组,围绕某个兴趣话题建立的相应的圈子,类似贴吧、豆瓣、知乎、网易云音乐评论等。

(4)培养信任度,延长社群的生命周期。一个活跃的社群不仅能够吸引新用户加入,还能让现有成员保持高度的参与度和忠诚度。当用户之间有共同的话题和兴趣时,他们更愿意参与讨论和行动,这种积极参与有助于增强社群的凝聚力。在社群内部,随着时间的推移,成员之间的互动会逐渐加深,从最初的简单交流发展到更深层次的沟通。这种互动不仅仅是信息的交换,更是信任感的培养。随着信任的建立,社群成员之间的关系也会越来越紧密,逐渐形成一种类似朋友的关系。这种关系的形成对于社群的长期发展极为有利,因为它意味着成员们在未来的任务和活动中更有可能得到支持和协助。为了建立一个能够持续发展和可信的社群,平台需要不断地促进成员之间的互动和沟通,创造一个让用户感到舒适和信任的环境。例如,平台可以定期举办活动、提供更有价值的内容、鼓励成员分享个人经验和知识等,鼓励成员之间的交流和互动,可以通过问答、讨论、投票、活动等方式增加成员的参与感和信任感。同时,平台还应该积极倾听成员的意见和反馈,及时调整策略以满足他们不断变化的需求。社群需要时间和努力来培养成员之间的信任感,随着时间的推移,社群可能会面临内容疲劳和参与度下降的问题。因此，平台不断创新和更新内容、活动和服务是必要的，通过提升满足用户需求能力和持续创新来延长其生命周期，通过持续的互动和有效的沟通，社群可以成为一个充满活力和支持性的社区，为所有成员提供价值和归属感。

（5）促进社交化创作，搭建成长平台。通过鼓励用户在内容平台上形成更紧密的社交关系，增加用户的黏性和留存率，由于用户在创作和互动过程中，建立了自己的社交网络圈子，并与其他用户形成社交互动，从而增加对平台的依赖和使用频率。平台可以构建用户发展机制，平台为成员提供学习、成长和发展的机会，如定期举办培训、分享会等，让他们感受到社群的价值和归属感。平台还可以通过透明化运营方式，例如公开运营情况和发展计划，让用户了解他们的参与是如何影响平台成长的，营造透明化氛围，让用户了解他们的参与是如何影响平台成长的，从而增加用户的参与感和责任感。

（6）提供个性化体验。利用海量数据分析来了解用户的行为和偏好，然后提供个性化的内容推荐和互动机会。可以通过发布有趣、有用的内容，组织有趣的活动等方式来吸引用户的参与和关注。此外，为用户提供专属的交流空间，如会员区域等，让用户能够在一个更加私密和专注的环境中交流。促进用户多元交流，鼓励社群成员分享经验和体会，多样性的交流可以拓宽用户思维、见解，增加社群的活力和凝聚力。

（7）不断吸引新用户加入。强化平台高质量内容生产，吸引新用户，通过持续产出有价值的文章、视频等内容，吸引更多潜在用户关注。同时也可以邀请行业专家撰写专栏，提升品牌形象。平台可以积极运用微博、微信公众号等平台进行宣传，扩大影响力范围。组织多样化活动，定期策划不同主题的线上线下活动，如专题讲座、工作坊、社交聚会等，以满足各种兴趣爱好的需求。鼓励跨领域交流，设置特定时间段专门用于跨界对话，促进不同背景人士之间的思想碰撞。明确指引信息，为新成员提供详细的入门指南，包括社群规则、活动安排及如何参与讨论等，帮助他们迅速了解社群文化。设立欢迎仪式，通过举办线上或线下的迎新活动，让新成员感受到温暖和重视，可以安排老成员分享经验故事，增进彼此间的了解。

9.2.5 加强平台内容生成管理，提高内容质量

高质量的内容是用户留在平台的关键，对于内容平台而言，在线平台的内容质量决定了该平台的质量，即便在社交互动中形成了固定关系，用户的目的仍是为了获取内容。为此平台需要从如下方面着手。

（1）增强内容差异化生成能力。差异化战略是平台提高竞争优势的有力手段。差异化不仅能够满足某些消费群体的特殊需要，也将降低客户对价格的敏感性，使平台避开价格竞争。针对目前在线平台同质化现象较为严重，平台应明确市场定位，专注细分市场，根据自身优势提供差异化的服务以满足用户的需求。鼓励和资助原创音乐、艺术作品及短视频，提供独特的内容以吸引用户。开发互动音乐或视频体验，如在线互动音乐会、观众投票决定剧情的短视频等。基于定制化服务，允许用户根据自己的喜好定制界面和内容推荐，例如可以自定义音乐播放列表或视频内容。

（2）激励高质量内容创作。建设奖励机制，通过徽章、积分等虚拟奖励以及优惠券等物质奖励来激励用户创作高质量内容。这些奖励可以增加用户的参与度和忠诚度。为用户增加曝光机会，提供推荐位、精选集等平台内的曝光机会，让优质内容得到更多关注。这不仅能激励创作者，还能提升整个平台的内容质量。为用户提供详细的内容创作指南，帮助他们提高内容质量。这包括如何拍摄高质量的照片、撰写吸引人的标题、使用标签和关键词等。明确的内容标准，制定清晰的内容政策，界定禁止发布的内容类型，而鼓励发布的内容类型，如原创、高质量图片等。这有助于维护平台的内容质量和用户体验。平台可以通过分析介数中心性和结构洞来识别网络中的关键节点，即那些在信息传递中扮演桥梁角色的用户或创作者。与这些关键节点建立合作关系，例如通过提供更好的曝光机会、激励机制或直接的合作项目，可以促进内容的有效传播。通过监测和分析用户的介数中心性，平台可以更好地理解社区结构和动态，从而制定更有效的社区管理策略和用户参与计划。鼓励和支持那些具有高介数中心性的创作者生产高质量内容，可以通过提供创作基金、技术支持或市场推广等手段，进一步激发他们的创造力和影响力。

（3）加强社区反馈和互动。鼓励社区成员之间相互评价和反馈，提高内容的质量和社区的凝聚力。这种互动不仅能提升用户体验，还能促进内容的创新和多样化。例如"饭圈"文化在推动粉丝消费方面起到了重要作用，但同时也要注意引导和规范，避免出现不良行为和过度消费。社群成员确保从中获得新知识和启发，通过生成有深度、有趣且与社群话题相关的内容，能够增强社区的活跃度和用户的归属感。

（4）为长尾用户提供精准内容生成和推荐。建立长尾用户社群，将长尾用户集中起来，聚焦特定主题，如基于生活兴趣的美食圈、宠物圈，或基于文化共鸣价值认同的"饭圈"、国风圈等。这可以提高长尾用户的参与度和活跃度，提供精准内容和商品推荐，根据长尾用户的需求和兴趣，推荐更加适合的内容和商品。这种个性化推荐能够提升用户满意度和平台的转化率。

（5）加强人工智能融入内容创作。AI技术可以显著提高内容创作的效率。通过自动化处理烦琐的任务，创作者可以将更多精力投入创意构思中。AI还能提升内容的质量和多样性。通过对大量优秀内容的学习，AI可以为创作者提供更丰富的素材和灵感。创作者借助AI可以根据特定主题或关键词自动生成文章、博客和社交媒体帖子，结合开源大模型工具，例如GPT系列模型经过大量文本数据的训练，能够理解上下文，创建连贯且富有创意的内容。AI还可以进行内容优化，通过分析用户的阅读习惯与偏好，提供关键词推荐、标题优化和内容结构调整等服务，帮助创作者更好地吸引目标受众。借助AI图像生成工具如Midjourney可以根据用户的描述生成独特的图像。这些工具不仅在艺术创作中表现出色，也广泛应用于品牌设计和社交媒体内容的生产。创作者可以使用AI辅助工具快速生成设计方案，进行海报、图像或插图的创作。AI技术可以自动化视频剪辑、特效添加和音频处理等步骤，可以自动识别关键场景进行剪辑，并根据观众偏好生成个性化版本，提高观看率和用户参与度。此外，AI工具能够自动发布内容、进行数据分析和用户反馈管理，帮助创作者选择合适的主题和发布时间，以提高内容的曝光率和互动性。当然也要注意，AI生成的内容可能存在版权和伦理问题。如何确保AI生成的内容不侵犯他人的知识产权，以及如何处理涉及隐私、歧视等问题的内容，是需要控制的方面。

9.2.6 加强多维相似性管理，增强推荐算法泛化能力

个性化推荐系统已经成为我们日常生活中不可或缺的一部分，尤其是在电商、用户网络和内容提供商等领域。然而，推荐算法面临的"越推越窄"问题，即过度个性化导致的推荐范围缩小，是平台需要解决的核心问题，对于用户来说，算法技术自动屏蔽了用户自身不了解、不认同的信息，仅呈现碎片定制化的信息，最终用户在不断重复和自我证明中强化了固有偏见和喜好，愈发难以接受异质化的信息，身处"信息茧房"而不自知。推荐算法的设计和应用是推荐系统成功的关键。一个优秀的推荐算法不仅要能够准确捕捉用户的兴趣点，还要能够适应用户兴趣的变化，并在保护用户隐私的前提下进行个性化推荐。此外，算法还需要具备良好的扩展性和鲁棒性，以应对不断增长的数据量和日益复杂的用户需求。因此探讨可以从多维相似性角度思考如何提升推荐模型的泛化能力。从多样性管理角度看，主要包括如下方面。

（1）行为的相似性管理。用户的点击行为是反映他们兴趣和需求的重要数据。通过分析用户之间的点击行为相似性，推荐系统能够发现并推荐那些具有相似点击模式的用户喜欢的项目。例如，两个用户都频繁点击关于美食的文章，那么算法很可能会向其中一个用户推荐另一个用户阅读过的相似内容。这种行为相似性的分析，可以帮助推荐系统更好地理解用户的兴趣点，从而提供更加多样化的内容。此外，平台可以对行为相似与话题相似进行联合推荐，也可以分析平台用户行为，对相似行为进行分组聚类，然后进行分组推荐。

（2）人口特征和偏好的相似性管理。在在线评论中，评论的影响力不仅取决于其质量，还与评论者与读者之间的相似性有关。研究显示，当顾客与评论者在人口特征和偏好上存在相似性时，评论的影响力更大。此外，兴趣偏好是影响用户决策的重要因素。通过收集和分析用户的浏览历史、购买记录和评价反馈，推荐系统可以识别出具有相似兴趣偏好的用户群体。这样，当一个新用户表现出与某一群体相似的兴趣时，系统便可以推荐这个群体中的热门项目给该用户。因此，平台可以充分挖掘用户兴趣，包括不同群体的兴趣，在推荐时充分考虑不同群体兴趣的差异性。

第 9 章 研究结论与管理启示

（3）话题相似性管理。用户在社交媒体上的发言和讨论往往围绕特定的话题。通过自然语言处理技术，推荐系统可以识别出话语中的主题，并将具有相似话语主题的用户联系起来。这种基于内容推荐的方法是解决推荐狭窄化问题的有效手段，因为它可以帮助用户发现他们可能感兴趣的新领域。通过这种方式，推荐系统不仅可以提高用户的满意度，还能增加内容的多样性。因此，在平台的不同发展阶段，需要考虑内容的相似性和多样性的平衡，考虑多样性的程度在不同阶段的作用。

（4）社交关系相似性管理。在用户网络中，朋友之间的关系是一种重要的社会化过滤器。用户往往会受到朋友的影响，对他们推荐的内容更加信任。因此，推荐系统可以通过分析用户的社交网络，找出与目标用户具有紧密联系的朋友群体，并推荐这些朋友喜欢的内容。这种方法不仅利用了社交关系的可信度，还能扩大推荐的范围，避免"越推越窄"的问题。因此，平台算法可以在产品相似性的基础上，加入社交相似性，通过产品特征与社交特征的共同作用，提升算法的泛化能力。

（5）情绪相似性管理。情绪相似性涉及用户表达的情绪内容，还包括他们的情感反应和情感偏好。口碑和情感在用户之间的传递可以显著提升推荐的信任度。因此，推荐系统可以搜索有相似情绪表达的用户，并将他们归入相似的群体。例如，用户经常发表乐观和积极的内容，系统可能会将他们与具有类似情绪特征的用户匹配起来，并相互推荐对方喜欢的内容。此外，加强情感多样性管理，推荐系统也应避免仅推荐某一类情绪的内容，多样化的情感推荐可以满足用户在不同情绪状态下的需求，提高整体的用户体验。

总体看，平台通过管理和利用各个维度的用户相似性，推荐系统可以更精准地捕捉用户的需求，提供更为丰富多样的推荐内容，避免过度个性化导致的推荐狭窄化问题。这不仅提升了用户体验，也为平台带来了更多的交叉销售和口碑传播机会。平台还可以结合文本、图像、音频等模态数据，挖掘用户多维相似性，进行深度协同过滤推荐，之后再将推荐结果通过快速多样性算法将推荐结果进行多样化和精细化。未来，随着大数据和人工智能技术的不断进步，多维相似性管理将在推荐系统中扮演更加重要的角色。

9.2.7 加强平台多模态数据管理与利用

对于内容平台而言，面临着海量、多样的数据管理挑战。多模态数据，包括文本、图像、音频和视频等多种形式，如何有效地管理和利用这些数据，成为提升用户体验和平台竞争力的关键。

（1）增强多模态数据处理能力。为了应对日益增长的数据需求和多样化的数据类型，建立一个统一的数据管理框架显得尤为重要。建立统一的数据管理框架，集成多源多模态数据，不仅能够收集不同来源的多模态数据，更能确保数据的一致性和完整性，为数据的存储、检索和分析提供了极大的便利。在框架下，制定统一的数据格式标准是关键一步。这样的标准能够简化数据的处理流程，提高数据交换的效率，使得数据能够在不同系统和应用之间自由流动。同时，这也为数据的长期保存和利用打下了基础。开发实时多模态数据分析工具，快速响应用户需求和市场变化，实时多模态数据分析工具为用户提供即时的数据分析和决策支持。这不仅提高了工作效率，也为平台在激烈的市场竞争中赢得了宝贵的时间。在数据存储方面，充分利用分布式数据库和云存储技术，可以极大地提高数据存储的可扩展性和可靠性。这些技术能够处理大规模的数据集，保证了数据的安全性和稳定性，为平台的数据资产管理提供了强有力的支撑。此外，多模态大模型将日益成为主流，打破传统数据孤岛，实现跨模态数据的无缝交互与信息融合，因此，平台可以基于多模态大模型工具开发的智能增强检索系统，通过语义理解和上下文感知，能够更深入的理解用户的查询意图，提供更加精准的搜索结果，从而大大节省了用户的时间成本，提升用户搜索信息的效率。平台还需要强化数据治理和数据质量控制，实施严格的数据清洗和验证流程，确保数据的准确性和可靠性。

（2）促进多模态数据挖掘与利用。多模态数据挖掘与利用成为推动创新发展的重要力量，平台可以提供开放的应用程序编程接口（API），鼓励第三方开发者和合作伙伴共同开发创新应用。探索建立共享数据联盟，如与其他平台或机构建立数据共享机制，扩大数据资源池，实现互利共赢。平台提供开放的应用程序编程接口（API），这将有利于第三方开发者和合作伙伴创新应用。通过这些API，他们可以直接访问平台的数据资源,根据自己的需求和创意,开发出各种创新应用。这不仅能够激发开发者的创新热情,还能为平台带来更多元化的服务和内容,实现互利共赢的局面。为了进一步扩大数据资源池,平台还可以探索建立共享数据联盟。这意味着平台将与其他平台或机构建立数据共享机制,共同分享彼此的数据资源。这样的合作不仅能够丰富数据的种类和数量,还有助于各方在数据挖掘和应用上取得更大的突破。通过共享数据,各方可以更好地了解用户需求和市场趋势,为用户提供更加精准和个性化的服务。深化多模态数据分析与应用也是平台的重要发展方向。平台将通过分析用户的浏览、点击、评论等行为数据,深入挖掘短视频、图文、音频等多模态数据的语义特征。这样的分析能够帮助平台更深入地了解用户的需求和偏好,从而优化内容推荐算法。当用户在平台上看到更多符合自己兴趣和需求的内容时,他们的满意度和忠诚度也会相应提高。

9.2.8 完善平台生态系统,提高价值共创能力

电商、内容平台是一个具有海量用户参与的生态系统,为各类用户提供了便利与价值,具有价值共创性、自组织性、适应性、非线性动力等特点。平台为用户提供更加丰富和便捷的选择,推荐算法、用户网络在平台生态系统核心价值创造过程中发挥关键作用。平台连接两类主体,例如用户和商家,通过提供平台服务,促进双方之间的交易和互动。平台基于用户网络突破时空限制,拓宽交易范围,将更多的供需信息融入平台交易之中,从而引起规模效应,提高经济效益。推荐系统作为平台生态系统中的一项关键技术,扮演着至关重要的角色。它通过分析用户的历史行为、偏好设置以及用户网络数据,智能预测用户可能感兴趣的内容或产品,并将这些建议呈现给用户,因此算法不仅提升了用户体验,还能够使得平台适应实时供需变化,能够为平台提供用户洞察、个性化服务,促进了平台价值流动。

(1)完善平台开放、共生、创新机制。平台应积极构建开放的生态系统,吸引各类参与者加入,形成多元化的生态圈,开放性鼓励创新和多样性,会进一步推动平台生态系统的发展和繁荣。构造共生生态系统,促进共生关系形成,鼓励平台内商家共享供应链资源、营销渠道等,降低运营成本,提高整体效率,促进互补优势,识别并强化各参与者的独特优势,通过合作实现优势互补,共同提升

服务质量和用户体验，设计共赢策略与合理的利益分配机制，确保各方在合作中都能获得合理的回报，促进平台企业、参与者、用户形成共生关系，共同发展和繁荣。此外，平台企业推动创新生态系统的建设，鼓励参与者进行技术创新和业务创新，这种创新驱动的环境不仅提升了平台自身的竞争力，还推动了整个行业的技术进步。

（2）增强平台涌现价值创造能力。涌现价值是指在平台生态系统中，通过各个组成部分之间的相互作用和迭代过程，产生的新资源或价值。这种价值不是由单一行动者独立创造的，而是系统内部各部分之间互动的结果，具有非线性、不可预测和整体性的特点。涌现价值的产生并不是简单的因果关系，而是多个因素相互作用的结果，由于涉及多个变量和复杂的互动，涌现价值往往难以事先预测，涌现价值是平台生态系统作为一个整体表现出来的特性，不能简单地归因于某个单独的部分。因此，平台应积极促进用户与用户之间的互动、商家与用户的交流、用户与产品的交互，促进用户之间的交流和分享，增加用户的参与感和归属感，通过互动提高用户体验和满意度，增强用户黏性，鼓励用户参与和社区建设，利用集体智慧促进创新。对电商平台而言，构建开放的生态系统，吸引各类参与者加入，形成多元化的生态圈，降低准入门槛，广泛引入商家和品牌，丰富商品和服务供给，鼓励跨界合作，促进资源共享和优势互补，共同提升整体价值，还可以促进功能性内容、社交性内容和产品内容的融合，提升消费者的购物体验。平台生态系统内各参与者（包括用户、商家、内容创作者等）之间的相互作用和协作，不断迭代生成新资源和新价值，从而在竞争激烈的市场中获得优势。此外，平台需要持续监测市场动态和消费者反馈，在制定策略时，需要基于动态过程视角，不断地依据对等行动者的反应做出试错和调整，灵活适应市场变化和竞争对手的行动，调整自身产品和服务，进而促进系统内新的涌现属性的生成。

（3）从数据和智能两方面强化平台技术支持。在数字经济日益重要的背景下，平台经济将继续发挥重要作用，随着人工智能、大数据的飞速发展，平台的智能化转变将为数字经济创造价值开拓新路径，现阶段绝大部分数字经济平台生态经营管理处于"互联网+"模式，未来将更趋向于"人工智能+"模式。未来平台发展应努力提高人工智能匹配大数据的技术水平，突破目前平台经济在存储和利用大数据的技术手段限制，结合社交媒体、GPS定位、边缘计算、云计算等工具，更好地挖掘多模态大数据，从而在数据利用的基础上增强平台的价值创造能力。此外，对平台而言，需要进一步提升深度学习、强化学习、生成式人工智能的应用水平，从数据和智能两个方面增强平台的价值创造能力。

（4）加强平台数据隐私治理。平台生态系统也面临着一些挑战和风险。数据安全和隐私保护是一个重要方面，如何在提供个性化服务的同时确保用户信息的安全，是平台运营商必须严肃对待的问题，确保用户信息的安全和隐私保护也是算法设计的重要考虑因素。通过下述措施的实施，促进平衡个性化服务和用户隐私保护之间的关系，为用户提供更安全、更可靠的服务体验。平台运营商必须严格遵守相关的数据保护法规，确保合规性，定期进行法律审查和培训。建立健全的数据安全体系，采用技术手段和管理措施，建立完善的数据安全防护体系，包括加密技术、访问控制、数据脱敏处理，实施严格的数据分类分级制度，对不同级别的数据采取不同的保护措施。强化算法伦理审查，确保算法设计符合伦理标准，避免算法偏见和不公平现象的出现，在算法设计中嵌入隐私保护机制，如差分隐私、联邦学习等，以减少对用户隐私的侵犯，提升算法的透明度和可解释性，使用户能够理解算法决策的逻辑和依据。通过用户界面展示算法推荐的来源和理由，增加用户对平台的信任，通过用户教育和沟通，提高用户对数据使用和隐私保护的意识，设立用户反馈渠道，及时响应用户的隐私担忧和投诉。实施数据最小化原则，仅收集实现个性化服务所必需的数据，避免过度收集用户信息，定期审查和清理不再需要的个人数据，减少数据泄露的风险。加强对第三方合作伙伴管理，对与平台合作的第三方服务商进行严格的安全评估和监控，要求合作伙伴遵守相同的数据保护标准，并在合同中明确数据保护责任。为应对技术和市场变化，持续更新和优化数据安全策略，平台还可以引入专业的数据安全团队，负责监督和执行数据安全政策，关注新兴的安全威胁和技术漏洞，及时采取防范措施等。未来，随着技术的发展和用户需求的变化，平台运营商需要不断适应新的挑战，持续改进数据安全和隐私保护措施。

参考文献

[1] 毕京浩.基于多层复杂网络理论的交通网络脆弱性研究[D].济南：济南大学，2016.

[2] 曹金鑫，许伟忠，金弟，等.复杂网络社团发现综述[J].计算机科学，2023，50（S2）：414-424.

[3] 陈骁.多层网络中关键网络层提取与挖掘[D].杭州：浙江大学，2020.

[4] 段晓红.基于多层复杂网络的地铁系统脆弱性因素耦合分析[J].安全与环境工程，2023，30（5）：93-102.

[5] 董微微.中关村创新集群的演化过程剖析及启示：基于复杂网络视角[J].工业技术经济，2014，33（11）：5.

[6] 范文婷，张田丰.人口普查数据开放下合作研究的复杂网络演化：基于科研论文的实证分析[J].图书情报工作，2023，66（6）：12.

[7] 范晓亮，彭朝鹏，郑传潘，等.面向大规模交通网络的时空关联挖掘方法[J].清华大学学报：自然科学版，2023，63（9）：1317-1325.

[8] 冯路，钱宇，葛昕钰，等.共享平台推荐系统对消费者行为影响的实证研究[J].管理科学学报，2023，26（4）：132-147.

[9] 高自友，郭雷，刘中民，等.大数据与人工智能时代下复杂系统管理研究的若干关键科学问题[J].中国科学基金，2023，37（3）：429-438.

[10] 笱程成，杜攀，刘悦，等.在线社交网络中的新兴话题检测技术综述[J].中文信息学报，2016，30（5）：10.

[11] 郭水文，肖文静.网络效应的作用机制研究[J].经济评论，2011（4）：14-22.

[12] 郭婷婷.大图上重叠社区发现算法的研究与实现[D].沈阳：东北大学，2019.

[13] 龚诗阳，刘霞，赵平.线上消费者评论如何影响产品销量？——基于在线图书评论的实证研究[J].中国软科学，2013（6）：171-183.

[14] 郭国庆，张中科，陈凯，等.口碑传播对消费者品牌转换意愿的影响：主观规

范的中介效应研究 [J]. 管理评论, 2010, 22（12）: 62-69.

[15] 郝媛媛. 在线评论对消费者感知与购买行为影响的实证研究 [D]. 哈尔滨: 哈尔滨工业大学, 2010.

[16] 胡春华, 邓奥, 童小芹, 等. 社交电商中融合信任和声誉的图神经网络推荐研究 [J]. 中国管理科学, 2021, 29（10）: 202-212.

[17] 景楠, 王建霞, 许皓, 等. 基于用户社会关系的社交网络好友推荐算法研究 [J]. 中国管理科学, 2017（3）: 137-146.

[18] 姜旭平, 王鑫. 影响搜索引擎营销效果的关键因素分析 [J]. 管理科学学报, 2011, 14（9）: 37-45.

[19] 金立印, 王如意, 邹德强. 消费者对网络评论信息的可信性评价: 网站主导者、专业性及产品类别的影响 [J]. 营销科学学报, 2008, 4（4）: 45-55.

[20] 卡尔·夏皮罗, 哈尔·瓦里安. 信息规则: 网络经济的策略指导 [M]. 北京: 人民大学出版社, 2002.

[21] 廖俊云, 黄敏学. 基于酒店销售的在线产品评论、品牌与产品销量实证研究 [J]. 管理学报, 2016, 13（1）: 122-130.

[22] 李彬, 翁慧敏. 社交网络平台中的社会资本积累: 一个微信群实地实验 [J]. 世界经济, 2022, 45（4）: 25.

[23] 刘平峰, 聂规划, 陈冬林. 电子商务推荐系统研究综述 [J]. 情报杂志, 2007, 26（9）: 5.

[24] 李立耀, 孙鲁敬, 杨家海. 社交网络研究综述 [J]. 计算机科学, 2015, 42（11）: 15.

[25] 刘蕾蕾, 王胜涛, 胡正银. 社区画像研究综述 [J]. 图书情报工作, 2019, 63（23）: 9.

[26] 李妍羲. 多层网络耦合的城市交通拥堵传播模型研究 [D]. 成都: 电子科技大学, 2024.

[27] 李超. 社交网络中情感分析技术研究 [D]. 长沙: 国防科技大学, 2013.

[28] 梁邦勇, 李涓子, 王克宏. 语义 Web 下知识正确性检查的研究 [J]. 计算机集成制造系统, 2005, 11（3）: 446-450.

[29] 刘倩. 基于客户关系发展阶段的推荐系统特性需求分析 [D]. 武汉: 华中科技大学, 2011.

[30] 陆君安. 从单层网络到多层网络: 结构, 动力学和功能 [J]. 现代物理知识, 2015, 27（4）: 6.

[31] 马海瑛, 肖玉芝, 赵海兴, 等. 三层复杂网络模型构建及特性分析 [J]. 复杂系统与复杂性科学, 2020, 17（4）: 14.

[32] 马若微, 周萌, 丁鑫, 等. 危机时接管银行的选择与比较: 基于银行间市场复

杂网络模型的研究 [J]. 财经理论与实践, 2023, 44（2）: 2-8.

[33] 麦强, 盛昭瀚, 安实, 等. 重大工程管理决策复杂性及复杂性降解原理 [J]. 管理科学学报, 2019, 22（8）: 17-32.

[34] 孙鲁平, 张丽君, 汪平. 网上个性化推荐研究述评与展望 [J]. 外国经济与管理, 2016, 38（6）: 82-99.

[35] 盛昭瀚, 梁茹. 基于复杂系统管理的重大工程核心决策范式研究: 以我国典型长大桥梁工程决策为例 [J]. 管理世界, 2022, 38（3）: 200-212

[36] 盛昭瀚, 于景元. 复杂系统管理: 一个具有中国特色的管理学新领域 [J]. 管理世界, 2021, 37（6）: 16.

[37] 沈爱忠, 郭进利, 索琪, 等. 基于多层网络的供应链金融建模与分析 [J]. 计算机应用研究, 2017, 34（12）: 4.

[38] 隋丽辉. 基于可持续发展的复杂系统质量管理 [J]. 科技与管理, 2003, 5（2）: 3.

[39] 宋刚, 唐蔷. 现代城市及其管理: 一类开放的复杂巨系统 [J]. 城市发展研究, 2007, 14（2）: 5.

[40] 谭跃进, 吴俊. 网络结构熵及其在非标度网络中的应用 [J]. 系统工程理论与实践, 2004, 24（6）: 1-3.

[41] 唐晓华, 李占芳, 许静. 异质性与网络形成: 一个综述 [J]. 经济与管理研究, 2015, 36（4）: 52-62.

[42] 邰昌鸿, 刘向阳. 基于网络层加权的多层复杂网络社区检测算法 [J]. 计算机技术与发展, 2022（3）: 32.

[43] 王智生, 李慧颖, 孙锐. 在线评论有用性投票的影响因素研究: 基于商品类型的调节作用 [J]. 管理评论, 2016, 28（7）: 11.

[44] 汪寿阳, 胡毅, 熊熊, 等. 复杂系统管理理论与方法研究 [J]. 管理科学学报, 2021, 24（8）: 1-9.

[45] 魏一鸣, 吴刚, 刘兰翠, 等. 能源—经济—环境复杂系统建模与应用进展 [J]. 管理学报, 2005, 2（2）: 159.

[46] 杨青, 苏春艳, 李晨, 等. 基于多层耦合网络的科技馆知识传播实证研究 [J]. 情报探索, 2022（1）: 9.

[47] 王之元, 毛婷婷, 蔡小敏. 社交网络环境下突发气象灾害舆情信息的传播演化研究 [J]. 情报探索, 2018（9）: 7.

[48] 王晰巍, 毕樱瑛, 李玥琪. 社交网络中意见领袖节点影响力指数模型及实证研究: 以自然灾害"7·20"河南暴雨为例 [J]. 图书情报工作, 2022, 66（16）: 12.

[49] 王国霞, 刘贺平. 个性化推荐系统综述 [J]. 计算机工程与应用, 2012, 48（7）:

66-76.

[50] 王兴隆，刘洋．航空多层网络弹性测度与分析 [J]．复杂系统与复杂性科学，2020，17（2）：8.

[51] 谢康，肖静华．电子商务经济学 [M]．北京：电子工业出版社，2003.

[52] 叶佳鑫，熊回香，易明，等．融合影响力传播的社交网络群推荐方法 [J]．情报学报，2022，41（4）：364-374.

[53] 杨学成，陶晓波，岳欣．双有限异质社交网络仿真建模及实证分析 [J]．北京邮电大学学报，2015，38（B06）：4.

[54] 杨丽，刘春燕，李弘．基于复杂网络的供应链网络演化研究综述 [J]．物流技术，2023，42（8）：25-30.

[55] 张欣．多层复杂网络理论研究进展：概念，理论和数据 [J]．复杂系统与复杂性科学，2015，12（2）：103-107.

[56] 卓四清，冯永洲．在线评论有用性影响因素实证研究：基于 Tripadvisor.com 酒店评论数据 [J]．现代情报，2015，35（4）：52-56.

[57] 张富国．基于信任的电子商务个性化推荐关键问题研究 [D]．南昌：江西财经大学，2009.

[58] 周天颖，赖顺仁，黄崇典，等．运用社交网络分析淹水空间信息之关联性 [J]．遥感学报，2016，20（5）：1299-1307.

[59] 赵宇翔．社会化媒体中用户生成内容的动因与激励设计研究 [D]．南京：南京大学，2012.

[60] 赵良杰，武邦涛，段文奇，等．消费者交互作用对网络效应产品扩散的影响：基于产品生命周期的视角 [J]．系统工程理论与实践，2012，32（1）：67-75.

[61] 赵昌平，郑米雪，范厚明，等．金融危机后全球货物贸易复杂网络演化与中国响应战略 [J]．大连海事大学学报，2017，43（2）：7.

[62] 朱恒民，徐凝，魏静，等．基于网络表示学习的短视频流行度预测研究 [J]．情报学报，2024，43（9）：1105-1115.

[63] 郑文萍，王丹，王杰．基于模块性的检测簇结构的图聚类算法研究 [J]．小型微型计算机系统，2016，37（7）：6.

[64] 卡祖铭，赵鹏，张波，等．面向大语言模型的推荐系统综述 [J]．计算机科学，2024，51(S02)：1-11.

[65] 肖如意．产品推荐多样性对在线消费者决策的影响 [D]．南昌：南昌大学，2024.

[66] 潘旭伟，曾雪梅，李涛．基于超网络的社会化标签相似性研究 [J]．运筹与管理，2023，32（9）：215-221.

[67] 马晓君，徐晓晴，范祎洁，等．"公开表达的顾客契合"如何驱动跨境电商企业绩效提升：基于顾客群体传染效应的视角 [J]．南开管理评论，2023，26（5）：226-235．

[68] 宋艳，杨倩，郭珊珊．具有社团结构的复杂网络传播动力学研究 [J]．北京师范大学学报（自然科学版），2024，60（6）：799-805．

[69] 谷国锋，王弘彦，周宏浩．全国—本地尺度下东北三省城市创新网络演化特征与创新能力研究 [J]．东北师大学报（哲学社会科学版），2024（1）：147-156．

[70] 庄蔚．社交媒体平台内容创作者影响力形成机理研究 [D]．上海：上海财经大学，2023．

[71] 熊开容，刘超，甘子美．刷抖音会上瘾吗？——短视频 App 用户沉浸式体验影响因素与形成机制 [J]．新闻记者，2021（5）：14．

[72] 姜涛，张洋．基于 Louvain 算法的复杂网络链路预测仿真 [J]．计算机仿真，2023，40（3）：417-420．

[73] Aggarwal, Charu, Subbian, et al. Evolutionary network analysis: A survey[C]. ACM Computing Surveys (CSUR), 2014, 47(1): 10.

[74] Al-Sharawneh J A, Williams M. Credibility-aware Web-based social network recommender: follow the leader[C]. Proceedings of the 2nd ACM RecSys 10 Workshop on Recommender Systems and the Social Web, 2010, 1-8.

[75] Ajzen I, Fishbein M. Attitude-behavior relations: A theoretical analysis and review of empirical research[J]. Psychological Bulletin, 1977, 84(5) : 888.

[76] Anderson C.The long tail:Why the future of business is selling less of more[M]. New York, Hachette Books, 2006.

[77] Ansari A, Essegaier S, Kohli R. Internet Recommendation Systems[J]. Journal of Marketing Research, 2000 (37): 363-375.

[78] Aral, Sinan, Dylan Walker. Identifying influential and susceptible members of social networks[J]. Science, 2012, 337 (6092): 337-341.

[79] Aral S, Muchnik L, Sundararajan A. Distinguishing influence-based contagion from homophily-driven diffusion in dynamic networks[C]. Proceedings of the National Academy of Sciences, 2009(106):21544-21549.

[80] Agrawal R, Mannila H, Srikant R, et al. Fast discovery of association rules[J]. Advances in Knowledge Discovery and Data Mining, 1996, 12(1):307-328.

[81] Babić Rosario A, Sotgiu F, De Valck K, et al. The effect of electronic word of mouth on sales: A meta-analytic review of platform, product, and metric factors[J]. Journal

of Marketing Research, 2016(53):297-318.

[82] Balabanovic M, Shoham Y.Content-based, collaborative recommendation[J]. Communication of ACM , 1997, 40(3) : 66-72.

[83] Baham C, Hirschheim R, Calderon A A, et al. An agilemethodology for the disaster recovery of information systems under catastrophicscenarios[J]. Journal of Management Information Systems, 2017, 34(3): 633-663.

[84] Bandura A. Social cognitive theory: An agentic perspective[J]. Asian Journal of Social Psychology, 1999, 2(1): 21-41.

[85] Battiston F, et al. The physics of higher-order interactions in complex systems[J]. Nature Physics, 2021, 17(10): 1093-1098.

[86] Bollen, Johan, Mao Huina, et al. Modeling public mood and emotion: Twitter sentiment and socio-economic phenomena[C]. Proceedings of the international AAAI conference on web and social media, 2011, 5(1).

[87] Berger J, Milkman K L. What makes online content viral?[J]. Journal of Marketing Research, 2012, 49(2): 192-205.

[88] Bussey K, Bandura A. Social cognitive theory of gender development and differentiation[J]. Psychological Review, 1999, 106(4): 676-713.

[89] Mauro M et al. The effects of the social structure of digital networks on viral marketing performance[J]. Information Systems Research, 2008, 19(3): 273-290.

[90] Barabasi Albert-László, Réka Albert. Emergence of scaling in random networks[J]. Science 1999 (286): 509-512.

[91] Bergemann D D.Ozmen.Optimal pricing with recommender systems[C]. In Proceedings of the 7th ACM Conference on Electronic Commerce, 2006:43-51.

[92] Benton A, Hill S. The spoiler effect? Designing social TV content that promotes ongoing WOM[C]. In Conference on Information Systems and Technology, Arizona, 2012.

[93] Blondel V D, Guillaume J L, Lambiotte R, et al. Fast unfolding of communities in large networks[J]. Journal of Statistical Mechanics: Theory and Experiment, 2008(10):10008.

[94] Borgatti S P, Mehra A, Brass D J, et al. Network analysis in the social sciences[J]. Science, 2009(323): 892-895.

[95] Burt R S. Structural Holes: The Social Structure of Competition[J]. The Economic Journal, 1994, 40(2): 15-18.

[96] Brin S, Page L. The anatomy of a large-scale hypertextual web search engine[J].

Computer Networks and ISDN Systems, 1998, 30(1-7):107-117.

[97] Brynjolfsson E, Hu Y, Smith M D. Consumer surplus in the digital economy: Estimating the value of increased product variety at online booksellers[J]. Management Science, 2003, 49(11):1580-1596.

[98] Byrne D, Griffitt W, Stefaniak D. Attraction and similarity of personality characteristics[J]. Journal of Personality and Social Psychology, 1967(5):82.

[99] Cai H, Chen Y, Fang H. Observational Learning: Evidence from a Randomized Natural Field Experiment[J]. American Economic Review, 2009, 99 (3): 846-882.

[100] Carmi E, Oestreicher-Singer G, Stettner U, et al. Is Oprah contagious? The depth of diffusion of demand shocks in a product network[J]. MIS Quarterly, 2017, 41(1): 207-222.

[101] Cai H, Chen Y, Fang H. Observational Learning: Evidence from a Randomized Natural Field Experiment[J]. American Economic Review, 2009, 99 (3): 846-882.

[102] Casoto P, Dattolo A, Omero P, et al. Accessing, analyzing, and extracting information from user generated contents[M]. Pennsylvania: IGI Global, 2010.

[103] Chakrabarti S, Dom B E, Kumar S R, et al. Mining the Web's link structure[J]. Computer, 1999, 32(8): 60-67.

[104] Cameron, Jaclyn Ann. The on-screen water cooler: Effects of televised user-generated comments on cognitive processing, social presence, and viewing experience[D]. Knoxville, University of Tennessee-Knoxville, 2016.

[105] Centola D. The spread of behavior in an online social network experiment[J]. science, 2010, 329(5996): 1194-1197.

[106] Chang C C, Lin B C, Chang S S. The relative advantages of benefit overlap versus category similarity in brand extension evaluation: The moderating role of self-regulatory focus[J]. Marketing Letters, 2011, 22(4): 391-404.

[107] Chae H, Park S, Ko E. A study on fashion brand online impression formation and its WOM effect according to online review types of supporters[J]. Fashion & Textile Research Journal, 2016, 18(1): 15-26.

[108] Chan I C C, Lam L W, Chow C W, et al. The effect of online reviews on hotel booking intention: The role of reader-reviewer similarity[J]. International Journal of Hospitality Management, 2017(66): 54-65.

[109] Cheung C M Y, Sia C L, Kuan K K Y. Is this review believable? A study of factors affecting the credibility of online consumer reviews from an ELM perspective[J].

Journal of the Association for Information Systems, 2012, 13(8) : 618.

[110] Chevalier J A, Mayzlin D. The effect of word of mouth on sales: Online book reviews[J]. Journal of Marketing Research, 2006, 43(3) :345-354.

[111] Connors L, Mudambi S M, Schuff D. Is it the review or the reviewer? A multi-method approach to determine the antecedents of online review helpfulness[C]. System Sciences (HICSS), 2011 44th Hawaii International Conference on. IEEE, 2011:1-10.

[112] Cui G, Lui H K, Guo X. Online reviews as a driver of new product sales[C]. In Management of e-Commerce and e-Government (ICMeCG), 2010 Fourth International Conference on , IEEE, 2010:20-25.

[113] Cummings J N, Cross R. Structural properties of work groups and their consequences for performance[J]. Social Networks, 2003, 25(3):197-210.

[114] Curry T J, Kenny D A. The effects of perceived and actual similarity in values and personality in the process of interpersonal attraction[J]. Quality and Quantity, 1974, 8(1) :27-43.

[115] Davis F D, Bagozzi R P, Warshaw P R. User acceptance of computer technology: a comparison of two theoretical models[J]. Management Science, 1989, 35(8) : 982-1003.

[116] Dhar V, Geva T, Oestreicher-Singer G, et al. Prediction in economic networks[J]. Information Systems Research, 2014, 25(2) :264-284.

[117] Duan W, Gu B, Whinston A B. Do online reviews matter?—An empirical investigation of panel data[J]. Decision Support Systems, 2008, 45(4), 1007-1016.

[118] Domingos P, Richardson M. Mining the network value of customers[C].Proceedings of the seventh ACM SIGKDD international conference on Knowledge discovery and data mining. 2001: 57-66.

[119] Brack D A, Benkenstein M. Responses to other similar customers in a service setting-analyzing the moderating role of perceived performance risk[J]. Journal of Services Marketing, 2014, (28):138-146.

[120] Dong R, O'Mahony M P, Schaal M, et al. Combining similarity and sentiment in opinion mining for product recommendation[J]. Journal of Intelligent Information Systems, 2016(46): 285-312.

[121] Paul E, Alfréd Rényi. On the evolution of random graphs[J]. Publ. math. inst. hung. acad. sci 1960, 5(1): 17-60.

[122] Economides N. The principle of minimum differentiation revisited[J]. European Economic Review, 1984, 24(3), 345-368.

[123] Evans F B. Selling as a dyadic relationship-a new approach[J]. American Behavioral Scientist, 1963(6):76-79.

[124] Faraji-Rad A, Dimitriu R M. The Impact of Negative Online Reviews: When Does Reviewer Similarity Make a Difference?[C]. ACR North American Advances. 2011.

[125] Feng S, Zhang L, Li B, et al. Is Twitter a better corpus for measuring sentiment similarity?[C]. In Proceedings of the 2013 Conference on Empirical Methods in Natural Language Processing , 2013:897-902.

[126] Feldman R. Techniques and applications for sentiment analysis[J]. Communications of the ACM, 2013(56):82-89.

[127] Fridlund A J. Sociality of solitary smiling: Potentiation by an implicit audience[J]. Journal of Personality and Social Psychology, 1991(60):229.

[128] Fleder D M, Hosanagar K, Buja A. Recommender systems and their effects on consumers: the fragmentation debate[C]. MCIS 2011 Proceedings, 2011, 59.

[129] Floyd K, Freling R, Alhoqail S, et al. How online product reviews affect retail sales: A meta-analysis[J]. Journal of Retailing, 2014(90):217-232.

[130] Fleder D, Hosanagar K. Blockbuster culture's next rise or fall: The impact of recommender systems on sales diversity[J]. Management Science, 2009, 55(5): 697-712.

[131] Fleder D M, Hosanagar K, Buja A. Will the Global Village Fracture into Tribes? Recommender Systems and Their Effects on Consumer Fragmentation. Management Science[J]. Management Science, 2013, 60(4):805-823.

[132] Beth F L, David A. Schweidel. Television advertising and online word-of-mouth: An empirical investigation of social TV activity[J]. Marketing Science, 2016 (36): 105-123.

[133] Forgas J P. Mood and judgment: the affect infusion model (AIM)[J]. Psychological Bulletin, 1995, 117(39).

[134] Gan M, Jiang R. Improving accuracy and diversity of personalized recommendation through power law adjustments of user similarities[J]. Decision Support Systems, 2013(55):811-821.

[135] Gao X S, Gayah V V. An analytical framework to model uncertainty in urban networkdynamics using macroscopic fundamental diagrams[J]. Transportation Research Part B: Methodological, 2018(117): 660-675.

[136] Ghose A, Ipeirotis P G. Estimating the helpfulness and economic impact of product reviews: Mining text and reviewer characteristics[J]. IEEE Transactions on Knowledge and Data Engineering, 2011(23):1498-1512.

[137] Goolsbee A, Klenow P J. Evidence on learning and network externalities in the diffusion of home computers[J]. The Journal of Law and Economics, 1999, 45(2): 317-343.

[138] Goldenberg J, Libai B, Moldovan S, et al. The NPV of bad news[J]. International Journal of Research in Marketing, 2007, 24(3): 186-200.

[139] Goyal S.Connections: an introduction to the economics of networks[M]. Princeton: Princeton University Press, 2012.

[140] Grace R C, Kivell B M, Laugesen M. Estimating cross-price elasticity of e-cigarettes using a simulated demand procedure[J]. Nicotine & Tobacco Research, 2014, 17(5): 592-598.

[141] Gers F A, Schraudolph N N, Schmidhuber J. Learning precise timing with LSTM recurrent networks[J]. Journal of Machine Learning Research, 2002, 3(Aug): 115-143.

[142] Golub B, Jackson M O. How homophily affects the speed of learning and best-response dynamics[J]. The Quarterly Journal of Economics, 2012(127):1287-1338.

[143] Goh K Y, Heng C S, Lin Z. Social media brand community and consumer behavior: Quantifying the relative impact of user-and marketer-generated content[J]. Information Systems Research, 2013, 24(1) : 88-107.

[144] Golub B, Jackson M O. Does homophily predict consensus times? Testing a model of network structure via a dynamic process[J]. Review of Network Economics, 2012, 11(3): 249-271.

[145] Grund T U. Network structure and team performance: The case of English Premier League soccer teams[J]. Social Networks, 2012, 34(4): 682-690.

[146] Granovetter, Mark S. The strength of weak ties[J]. American Journal of Sociology, 1973, 78(6): 1360-1380.

[147] Hatzivassiloglou, Vasileios, McKeown K R. Predicting the semantic orientation of adjectives[C]. Proceedings of the 35th Annual Meeting of the Association for Computational Linguistics and Eighth Conference of the European Chapter of the Association for Computational Linguistics. Association for Computational Linguistics, 1997:174-181.

[148] Hem L E, De Chernatony L, Iversen N M. Factors influencing successful brand extensions[J]. Journal of Marketing Management, 2003, 19(7-8):781-806.

[149] Hill S, Provost F, Volinsky C.Network-based marketing:Identifying likely adopters via consumer networks[J]. Statist. Sci, 2006, 21(2):256-276.

[150] Howard D J, Gengler C. Emotional contagion effects on product attitudes[J]. Journal of Consumer Research, 2001(28):189-201.

[151] Hosanagar, Kartik, et al. Will the global village fracture into tribes? Recommender systems and their effects on consumer fragmentation[J]. Management Science, 2014, 60 (4): 805-823.

[152] Hofstra B, Corten R, Buskens V. Learning in social networks: Selecting profitable choices among alternatives of uncertain profitability in various networks[J]. Social Networks, 2015(43):100-112.

[153] Hoberg G, Phillips G. Product market synergies and competition in mergers and acquisitions:A text-based analysis[J]. The Review of Financial Studies, 2010, 23(10): 3773-3811.

[154] Huffaker D. Dimensions of leadership and social influence in online communities[J]. Human Communication Research, 2010, 36(4): 593-617.

[155] Hong H, Du Q, Wang G, et al. Crowd wisdom: The impact of opinion diversity and participant independence on crowd performance[C]. AMCIS 2016 Proceedings, 2016, 11.

[156] Huston T L, Levinger G. Interpersonal attraction and relationships[J]. Annual Review of Psychology, 1978(29):115-156.

[157] Iselin E R. The effects of information load and information diversity on decision quality in a structured decision task[J]. Accounting, Organizations and Society, 1988(13):147-164.

[158] Iyengar R, Van den Cruyce C, Eichert J, et al.How social networks and opinion leaders affect the adoption of new products [J].GfK Marketing Intelligence Review, 2011, 3(1):16-25.

[159] Jackson M O, López-Pintado D. Diffusion and contagion in networks with heterogeneous agents and homophily[J]. Network Science, 2013(1):49-67.

[160] Javadi E, Fu W T. Idea visibility, information diversity, and idea integration in electronic brainstorming [C].//International Conference on Foundations of Augmented Cognition(Lecture Notes in Computer Science, Vol. 6775).Berlin,

Heidelberg:Springer, 2011:517-524.

[161] Jin S, Zafarani R. Emotions in social networks: Distributions patterns and models[C]. Proceedings of the 2017 ACM on Conference on Information and Knowledge Management. 2017: 1907-1916.

[162] Katz M L, Shapiro C. Network Externalities, Competition, and Compatibility[J]. The American Economic Review, 1985, 75 (3): 424-440.

[163] Katz E. The two-step flow of communication: An up-to-date report on an hypothesis[J]. Public Opinion Quarterly, 1957, 21(1): 61-78.

[164] Keramati A, Jafari-Marandi R, Aliannejadi M, et al.Improved churn prediction in telecommunication industry using data mining techniques[J]. Applied Soft Computing, 2014(24):994-1012.

[165] Kim J, Gupta P. Emotional expressions in online user reviews: How they influence consumers' product evaluations[J]. Journal of Business Research, 2012(65):985-992.

[166] Kim C, Jin M H, Kim J, et al. User perception of the quality, value, and utility of user-generated content[J]. Journal of Electronic Commerce Research, 2012, 13(4) : 305.

[167] Kanayama H, Nasukawa T. Fully automatic lexicon expansion for domain-oriented sentiment analysis[C]. In Proceedings of the 2006 conference on empirical methods in natural language processing. 2006: 355-363.

[168] Klier J, Klier M, Muschter S. How to manage IS requirements in complex public sector structures: toward an action design research approach[J]. Requirements Engineering, 2017(22): 419-432.

[169] Krackhardt D, Stern R N. Informal networks and organizational crises: An experimental simulation[J]. Social Psychology Quarterly, 1988:123-140.

[170] Khessina O M, Reis S. The Limits of Reflected Glory: The Beneficial and Harmful Effects of Product Name Similarity in the US Network TV Program Industry, 1944-2003[J]. Organization Science, 2016, 27 (2):411-427.

[171] Kumar V, Bhaskaran V, Mirchandani R, et al. Practice prize winner-creating a measurable social media marketing strategy: increasing the value and ROI of intangibles and tangibles for hokey pokey[J]. Marketing Science, 2013, 32(2): 194-212.

[172] Kumar A, Hosanagar K. Measuring the value of recommendation links on product demand[J]. Information Systems Research, 2019, 30(3):819-838.

[173] Kwark Y, Lee G M, Pavlou P, et al. The spillover effects of user-generated online product reviews on purchases: Evidence from clickstream data[C]. ICIS 2016 Proceedings, 2016, 11.

[174] Lancichinetti, Andrea, Fortunato S. Community detection algorithms: a comparative analysis[J]. Physical Review E—Statistical, Nonlinear, and Soft Matter Physics, 2009, 80(5) : 056117.

[175] Lai H, Yang T C. A System Architecture for Intelligent Browsing on the Web[J]. Decision Support Systems, 2000, 28 (3): 219-239.

[176] Lewis K, Kaufman J, Gonzalez M, et al. Tastes, ties, and time: A new social network dataset using Facebook. com[J]. Social Networks, 2008, 30(4):330-342.

[177] Lin Z, Goh K Y, Heng C S. The Demand Effects of Product Recommendation Networks[J]. Mis Quarterly, 2017, 41(2): 397-426.

[178] Li X, Hitt L M. Self-selection and information role of online product reviews[J]. Information Systems Research, 2008(19):456-474.

[179] Li Z, Fang X, Bai X, et al. Utility-based link recommendation for online social networks[J]. Management Science, 2017, 63(6):1938-1952.

[180] Lin Z, Goh K Y. Measuring the business value of online social media content for marketers[C]. ICIS 2011 Proceedings, 2011, 16.

[181] Jura L, Teixeira T, Wilbur K C. Television advertising and online shopping[J]. Marketing Science , 2015(34):311-330.

[182] Linden G, Smith B, York J.Amazon.com recommendations: Item-to-item collaborative filtering[J]. IEEE Internet Computing , 2003, 7(1) :76-80.

[183] Loken B, Ward J. Alternative approaches to understanding the determinants of typicality[J]. Journal of Consumer Research, 1990, 17(2):111-126.

[184] Lobel I, Sadler E. Information diffusion in networks through social learning[J]. Theoretical Economics, 2015, 10(3): 807-851.

[185] Lovett M J, Staelin R. The role of paid, earned, and owned media in building entertainment brands: Reminding, informing, and enhancing enjoyment[J]. Marketing Science, 2016(35):142-157.

[186] Lobel I, Sadler E , Varshney L R. Customer referral incentives and social media[J]. Management Science, 2016(63):3514-3529.

[187] Lee, Changki, Lee G G. Information gain and divergence-based feature selection for machine learning-based text categorization[J]. Information Processing &

Management, 2006, 42(1): 155-165.

[188] Liang C, Shi Z, Raghu T S. The spillover of spotlight: Platform recommendation in the mobile app market[J]. Information Systems Research, 2019, 30(4):1296-1318.

[189] Liben-nowell D, Kleinberg J. The link-prediction problem for social networks[J]. Journal of the American Society for Information Science and Technology, 2007, 58(7):1019-1031.

[190] Lichtenwalter R N, Lussier J T, Chawla N V. New perspectives and methods in link prediction[C]. Proceedings of the 16th ACM SIGKDD international conference on Knowledge discovery and data mining, 2010: 243-252.

[191] Lee D, Hosanagar K. How Do Product Attributes and Reviews Moderate the Impact of Recommender Systems Through Purchase Stages?[J]. Management Science, 2021, 67(1), 524-546.

[192] Lin Z, Goh K Y, Heng C S. The demand effects of product recommendation networks[J]. Mis Quarterly, 2017, 41(2):397-426.

[193] Lee D, Hosanagar K. How do recommender systems affect sales diversity? A cross-category investigation via randomized field experiment[J]. Information Systems Research, 2019, 30(1): 239-259.

[194] Libai B, Muller E, Peres R. The Role of Within-brand and Cross-brand Communications in Competitive Growth[J]. Journal of Marketing, 2009, 73(3): 19-34.

[195] Mauri A G, Minazzi R. Web reviews influence on expectations and purchasing intentions of hotel potential customers[J]. International Journal of Hospitality Management, 2013(34):99-107.

[196] Mitchell J C. Social networks[J].Annual Review of Anthropology, 1974(3):279-299.

[197] Muller E, Peres R. The effect of social networks structure on innovation performance: A review and directions for research[J]. International Journal of Research in Marketing, 2019, 36(1):3-19.

[198] Macskassy S A, Provost F. Classification in networked data: A toolkit and a univariate case study[J]. Journal of Machine Learning Research, 2007, 8(5): 935-983.

[199] McPherson M, Smith-Lovin L, Cook J M. Birds of a feather: Homophily in social networks[J]. Annual Review of Sociology, 2001(27):415-444.

[200] Merida-Campos C, Willmott S. The impact of betweenness in small world networks on request for proposal coalition formation problems[C]. Conference on Artificial Intelligence Research and Development, 2007(163):49-56.

[201] Mohtarami M, Amiri H, Lan M, et al. Sense sentiment similarity: an analysis. In Proceedings of the AAAI Conference on Artificial Intelligence, 2012, 26(1):1706-1712.

[202] Mohtarami M, Lan M, Tan C L. Probabilistic sense sentiment similarity through hidden emotions[C]. In Proceedings of the 51st Annual Meeting of the Association for Computational Linguistics, 2013(1): 983-992.

[203] Moscovici S, Zavalloni M. The group as a polarizer of attitudes[J]. Journal of Personality and Social Psychology, 1969, 12(2):125.

[204] Mooney R J, Roy L.Content-based book recommending using learning for text categorization[C]. In: Proceedings of the Fifth ACM Conference on Digital Libraries. ACM, 2000:195-204.

[205] Murray K B. A test of services marketing theory: consumer information acquisition activities[J]. The Journal of Marketing, 1991: 10-25.

[206] Mudambi S M, Schuff D. What makes a helpful review? A study of customer reviews on Amazon. com[J]. MIS Quarterly, 2010, 34(1):185-200.

[207] Lazarsfeld P F, Merton R K. Friendship as a social process: a substantive and methodological analysis. In Freedom and Control in Modern Society, ed. M Berger[M]. New York: Van Nostrand, 1954.

[208] Murray K, Häubl G. Explaining Cognitive Lock-In: The Role of Skill-Based Habits of Use in Consumer Choice[J]. Journal of Consumer Research, 2007(34): 77-88.

[209] Mulhern F J, Leone R P. Implicit price bundling of retail products: a multiproduct approach to maximizing store profitability[J]. The Journal of Marketing, 1991: 63-76.

[210] Nelson P. Information and consumer behavior[J]. Journal of Political Economy, 1970, 78(2):311-329.

[211] Netzer, Oded. Mine your own business: Market-structure surveillance through text mining[J]. Marketing Science, 2012, 31(3):521-543.

[212] Neimeyer R A, Mitchell K A. Similarity and attraction: A longitudinal study[J]. Journal of Social and Personal Relationships, 1988, 5(2):131-148.

[213] Oestreicher-Singer G, Sundararajan A. The visible hand? Demand effects of recommendation networks in electronic markets[J]. Management Science, 2012, 58(11): 1963-1981.

[214] Oestreicher-Singer G, Libai B, Sivan L, et al. The network value of products[J].

Journal of Marketing, 2013, 77(3): 1-14.

[215] Pastor-Satorras R, Vespignani A. Immunization of complex networks[J]. Physical Review E, 2002, 65(3): 036104.

[216] Pastor-Satorras R, Castellano C, Van Mieghem P, et al. Epidemic processes in complex networks[J]. Reviews of Modern Physics, 2015, 87(3), 925-979.

[217] Pang B, Lee L. Opinion mining and sentiment analysis[J]. Foundations and Trends in Information Retrieval, 2008(2):1-135.

[218] Pathak B, Garfinkel R.Gopal. Empirical Analysis of the Impact of Recommender Systems on Sales[J]. Journal of Management Information Systems, 2010, 27(2): 159-188.

[219] Panniello U, Gorgoglione M, Tuzhilin A.Research note-In CARSs we trust: How context-aware recommendations affect customers' trust and other business performance measures of recommender systems[J]. Information Systems Research, 2016, 27(1): 182-196.

[220] Pagani M, Mirabello A. The influence of personal and social-interactive engagement in social TV web sites[J]. International Journal of Electronic Commerce, 2011(16): 41-68.

[221] Peng S, Zhou Y, Cao L, et al. Influence analysis in social networks: A survey[J]. Journal of Network and Computer Applications, 2018(106):17-32.

[222] Park E, Kim K J, Kwon S J. Corporate social responsibility as a determinant of consumer loyalty: An examination of ethical standard, satisfaction, and trust[J]. Journal of business research, 2017(76): 8-13.

[223] Park C, Lee T M. Information direction website reputation and eWOM effect: A moderating role of product type[J]. Journal of Business Research, 2009, 62(1): 61-67.

[224] Park D H, Lee J. eWOM overload and its effect on consumer behavioral intention depending on consumer involvement[J]. Electronic Commerce Research and Applications, 2008, 7(4): 386-398.

[225] Peres R, Van den Bulte C. When to take or forgo new product exclusivity: Balancing protection from competition against word-of-mouth spillover [J]. Journal of Marketing, 2014, 78(2):83-100.

[226] Pinski, Gabriel, Narin F. Citation influence for journal aggregates of scientific publications: Theory, with application to the literature of physics[J]. Information

Processing & Management, 1976, 12(5): 297-312.

[227] Peres R, Muller E, Mahajan V. Innovation diffusion and new product growth models: A critical review and research directions[J]. International Journal of Research in Marketing, 2010, 27(2): 91-106.

[228] Quandt R E, Henderson J M. Microeconomic theory: A mathematical approach[M]. New York, McGraw-Hill, 1958.

[229] Ransbotham Sam, Kane Gerald C, Lurie Nicholas H. Network characteristics and the value of collaborative user-generated content[J]. Marketing Science, 2012, 31(3): 387-405.

[230] Ratneshwar S, Shocker A D. Substitution in use and the role of usage context in product category structures[J]. Journal of Marketing Research, 1991, 281-295.

[231] Resnick P, Varian H R. Recommendation Systems[J]. Communications of the ACM, 1997, 40(3): 56-58.

[232] Reibstein D J, Youngblood S A, Fromkin H L. Number of choices and perceived decision freedom as a determinant of satisfaction and consumer behavior[J]. Journal of Applied Psychology, 1975, 60(4):434.

[233] Risselada H, Verhoef P C, Bijmolt T H A. Dynamic effects of social influence and direct marketing on the adoption of high-technology products[J]. Journal of Marketing, 2014, 78(2): 52-68.

[234] Riloff, Ellen, Wiebe J. Learning extraction patterns for subjective expressions[C]. Proceedings of the 2003 conference on Empirical methods in natural language processing. 2003(5):112.

[235] Rogers E M, Bhowmik D K. Homophily-heterophily: Relational concepts for communication research[J]. Public Opinion Quarterly, 1970(34):523-538.

[236] Russell G J, Petersen A. Analysis of cross category dependence in market basket selection[J]. Journal of Retailing, 2000, 76 (3):367-392.

[237] Ramanathan U, Muyldermans L. Identifying demand factors for promotional planning and forecasting: A case of a soft drink company in the UK[J]. International Journal of Production Economics, 2010, 128(2): 538-545.

[238] Rahmandad H, Sterman J. Heterogeneity and network structure in the dynamics of diffusion: Comparing agent-based and differential equation models[J]. Management Science, 2008, 54(5): 998-1014.

[239] Sarwar B, Karypis G, Konstan J, et al.Item-based collaborative filtering

recommendation algorithms[C]. In Proceedings of the 10th international conference on World Wide Web. ACM, 2001: 285-295.

[240] Schilling M A, Phelps C C. Interfirm collaboration networks: The impact of large-scale network structure on firm innovation[J]. Management Science, 2007, 53(7):1113-1126.

[241] Stöckli D R, Khobzi H. Recommendation systems and convergence of online reviews: The type of product network matters![J]. Decision Support Systems, 2021(142):113475.

[242] Sun Y, Wang X, Tang X. Hybrid deep learning for face verification[C]. Proceedings of the IEEE international conference on computer vision, 2013: 1489-1496.

[243] Sarvary M, Parker P M. Marketing information: A competitive analysis[J]. Marketing science, 1997(16):24-38.

[244] Shim S, Lee B. Internet portals' strategic utilization of UCC and Web 2.0 Ecology[J]. Decision Support Systems, 2009, 47(4):415-423.

[245] Schlosser A E. Can including pros and cons increase the helpfulness and persuasiveness of online reviews? The interactive effects of ratings and arguments[J]. Journal of Consumer Psychology, 2011, 21(3): 226-239.

[246] Seetharaman A, Sreenivasan J, Boon L P. Critical success factors of total quality management[J]. Quality and Quantity, 2006, 40(5):675-695.

[247] Sarvary M, Parker P M. Marketing information: A competitive analysis[J]. Marketing Science, 1997(16):24-38.

[248] Sparck J K. A statistical interpretation of term specificity and its application in retrieval[J]. Journal of Documentation, 1972(28):11-21.

[249] Scholz M, Dorner V, Landherr A, et al. Awareness, interest, and purchase: The effects of user-and marketer-generated content on purchase decision processes[C]. In: 34th International Conference on Information Systems. 2013:1-17.

[250] Senecal S, Nantel J. The influence of online product recommendations on consumers' online choices[J]. Journal of Retailing, 2004, 80(2) :159-169.

[251] Shi Z M, Lee G, Whinston A B. Toward a better measure of business proximity: Topic modeling for industry intelligence[J]. Management Information Systems Quarterly, 2016, 40 (4):1035-1056.

[252] Sher P J, Lee S H. Consumer skepticism and online reviews: An elaboration likelihood model perspective[J]. Social Behavior and Personality: an international

journal, 2009, 37(1): 137-143.

［253］Sinclair P A. Network centralization with the Gil Schmidt power centrality index[J]. Social Networks, 2009, 31(3):214-219.

［254］Stephen A T, Toubia O. Deriving value from social commerce networks[J]. Journal of marketing research, 2010, 47(2):215-228.

［255］Stieglitz S, Dang-Xuan L. Emotions and information diffusion in social media-sentiment of microblogs and sharing behavior[J]. Journal of Management Information Systems, 2013(29):217-248.

［256］Susarla A, Oh J H, Tan Y .Social Networks and the Diffusion of User-Generated Content: Evidence from YouTube[J]. Information Systems Research, 2012, 23(1):23-41.

［257］Szulanski G. Exploring internal stickiness: Impediments to the transfer of best practice within the firm[J]. Strategic Management Journal, 1996(17):27-43.

［258］Tarokh M J, Arian H S, Speily O R B. Discovering Influential Users in Social Media to Enhance Effective Advertisement[J]. Advances in Computer Science: An International Journal, 2015, 4(5): 23-28.

［259］Thompson C A, Göker M H, Langley P A. Personalized System for Conversational Recommendations[J]. Journal of Artificial Intelligence Research, 2004(21):393-428.

［260］Trijp H C V, Hoyer W D, Inman J J. Why switch? product category-level explanations for true variety-seeking behavior[J]. Journal of Marketing Research, 1996, 33(3):281-292.

［261］Trijp H C V, Hoyer W D, Inman J J. Why switch? product category-level explanations for true variety-seeking behavior[J]. Journal of Marketing Research, 1996, 33(3): 281-292.

［262］Tsai W, Ghoshal S. Social capital and value creation: The role of intrafirm networks[J]. Academy of Management Journal, 1998, 41(4):464-476.

［263］Tucker C, Zhang J. How does popularity information affect choices? A field experiment[J]. Management Science, 2011, 57(5):828-842.

［264］Turney P D, Littman M L.Measuring praise and criticism: Inference of semantic orientation from association[J]. ACM Transactions on Information Systems (TOIS), 2003(21):315-346.

［265］Turney P D. Thumbs up or thumbs down?: semantic orientation applied to unsupervised classification of reviews.Proceedings of the 40th annual meeting on association for computational linguistics[C]. Association for Computational

Linguistics, 2002: 417-424.

［266］Woodside A G, Davenport J W. The effect of salesman similarity and expertise on consumer purchasing behavior[J]. Journal of Marketing Research, 1974(11):198-202.

［267］Willemsen L M, Neijens P C, Bronner F, et al. Highly recommended! the content characteristics and perceived usefulness of online consumer reviews[J]. Journal of Computer-Mediated Communication, 2011(17): 19-38.

［268］Yeo J, Park J. Effects of parent-extension similarity and self regulatory focus on evaluations of brand extensions[J]. Journal of Consumer Psychology, 2006, 16(3) : 272-282.

［269］Watts D J, Strogatz S H.Collective dynamics of 'small-world'networks[J]. nature, 1998, 393(6684):440-442.

［270］Wang W, Xu J, Wang M. Effects of recommendation neutrality and sponsorship disclosure on trust vs. distrust in online recommendation agents: moderating role of explanations for organic recommendations[J]. Management Science, 2018, 64(11):4967-5460.

［271］Woodside A G, Davenport J W. The effect of salesman similarity and expertise on consumer purchasing behavior[J]. Journal of Marketing Research, 1974(11):198-202.

［272］Xianghua F, Guo L, Yanyan G, et al. Multi-aspect sentiment analysis for Chinese online social reviews based on topic modeling and HowNet lexicon[J]. Knowledge-Based Systems, 2013(37):186-195.

［273］Wang W, Xu J, Wang M. Effects of recommendation neutrality and sponsorship disclosure on trust vs. distrust in online recommendation agents: moderating role of explanations for organic recommendations[J]. Management Science, 2018, 64(11):4967-5460.

［274］Yaniv I, Choshen-Hillel S, Milyavsky M. Receiving advice on matters of taste: Similarity, majority influence, and taste discrimination[J]. Organizational Behavior and Human Decision Processes, 2011(115):111-120.

［275］Yang D H, Yu G. A method of feature selection and sentiment similarity for Chinese micro-blogs[J]. Journal of Information Science, 2013(39):429-441.

［276］Young H P. Innovation diffusion in heterogeneous populations: Contagion, social influence, and social learning[J]. The American Economic Review, 2009, 99(5): 1899-1924.

[277] Yang D H, Yu G. A method of feature selection and sentiment similarity for Chinese micro-blogs[J]. Journal of Information Science, 2013, 39(4): 429-441.

[278] Yoon V Y, Hostler R E, Guo Z, et al. Assessing the moderating effect of consumer product knowledge and online shopping experience on using recommendation agents for customer loyalty[J]. Decision Support Systems, 2013, 55 (4):883-893.

[279] Ye Q, Law R, Gu B. The impact of online user reviews on hotel room sales[J]. International Journal of Hospitality Management, 2009, 28(1) : 180-182.

[280] Zhang Z, Li X, Chen Y. Deciphering word-of-mouth in social media: Text-based metrics of consumer reviews[J]. ACM Transactions on Management Information Systems (TMIS), 2012(3):5.

[281] Zhai Z, Liu B, Xu H, et al. Clustering product features for opinion mining. In Proceedings of the fourth ACM international conference on Web search and data mining, 2011, 347-354.

[282] Zhai X, Zhong D, Luo Q. Turnit around in crisis communication: An ABM approach[J]. Annals of Tourism Research, 2019(79): 102807.

[283] Zhou R, Khemmarat S, Gao L. The impact of YouTube recommendation system on video views[C]. In Proceedings of the 10th ACM SIGCOMM conference on Internet Measurement, 2010, 404-410.

[284] Zhang Z, Li X, Chen Y. Deciphering word-of-mouth in social media: Text-based metrics of consumer reviews[J]. ACM Transactions on Management Information Systems (TMIS), 2012, 3(1):1-23.

[285] Zhu Z, Wang S, Wang F, et al. Recommendation networks of homogeneous products on an E-commerce platform: Measurement and competition effects[J]. Expert Systems with Applications, 2022(201): 117-128.

[286] Ortal P, Edahir M. Similarity measure for product attribute estimation[J]. IEEE Access, 2020, 8:179073-179082.

[287] Wan F, Ren F. The effect of firm marketing content on product sales: Evidence from a mobile social media platform[J]. Journal of Electronic Commerce Research, 2017, 18(4): 288-302.

[288] Li Y, Wang R, Nan G, et al. A personalized paper recommendation method considering diverse user preferences[J]. Decision Support Systems, 2021, 146: 113546.